Alice Thinschmidt &
Daniel Böswirth

Schwimmteiche im naturnahen Garten

Inhalt

Vorwort

Baden im eigenen Schwimmteich! Sich eine blühende, surrende und quakende kleine Wasserwelt in den Garten zu holen und zu genießen – diese Idee begeistert nun seit über zwanzig Jahren immer mehr Menschen. Die Zweck- und Lebensgemeinschaft Schwimmteich passt auch gut zum Konzept des Naturgartens. Den faszinierenden und erstaunlichen »Selbstreinigungskräften« des Ökosystems Teich ist es zu verdanken, dass im naturbelassenen Wasser ohne Einsatz von Chemie gebadet werden kann. Krabbelnde, kriechende, springende, rudernde, tauchende und schwimmende Neuzuzügler sind die schillernden Stars eines frisch eingelassen Schwimmteiches.

Damit keine trübe Sicht das Badevergnügen stört, sind grundlegende Einblicke in die biologischen Vorgänge hilfreich. Auch um Fehler bei Planung und Bau zu vermeiden.

Alice Thinschmidt
Daniel Böswirth

März 2007

Schwimmteich – teilen statt trennen

Das heutige Verständnis für die Natur macht es möglich: nicht gegen sie, sondern mit ihrer Hilfe schaffen wir Lebensräume, in denen wir uns wohl fühlen.

Die Idee des Schwimmteiches verkörpert diese Denkweise sehr direkt und anschaulich. Quakende Frösche und schwirrende Libellen, bebrillte Sonnenanbeter und schnorchelnde Tiefseetaucher, leuchtende Lilien und unsichtbare Einzeller, gelegentliche Zaungäste und hartnäckige Dauerbewohner… es ist genug Platz für alle da!

Die Idee dahinter

Keine lange Anfahrt, kein Chlor, keine Badeschlusszeiten, kein Stress: Baden im eigenen Garten!

Bei einem herkömmlichen Swimmingpool muss das Wasser durch Aufbereitungsanlagen bzw. Zusätze von Chemikalien behandelt werden, damit sich keine Keime entwickeln können. Das Wasser ist biologisch tot. Ein ungepflegter, sich selbst überlassener Pool verwandelt sich rasch in eine grüne Brühe. Ohne Abtötung des Lebens, in welcher Form auch immer (Chlor, Ozon, ultraviolette Strahlung etc.), kommt es zum befürchteten Fiasko. Durch das Fehlen der natürlichen Gegenspieler vermehren sich einige wenige Arten massenhaft, die mitunter auch die Gesundheit gefährden können. Dass es sich hier um kein umweltfreundliches System handelt ist klar, schon alleine wenn man bedenkt, welche Mengen an Chemikalien beim Entleeren eines Pools in die Kanalisation gelangen. Kostengünstiger, effizienter und komplexer arbeiten biologische Systeme. Wie aber schaffen es Gewässer in der Natur, sich selbst zu reinigen und ein biologisches Gleichgewicht aufrechtzuerhalten?

Ökosystem Teich

Die Kreisläufe und Zusammenhänge in einem Teich sind äußerst komplex und noch immer ein ergiebiges Forschungsgebiet für Limnologen und Biochemiker. In natürlichen Gewässern sorgt die Gesamtheit aller darin lebenden Organismen dafür, dass das Ökosystem Teich stabil bleibt, wenn sich im Detail auch viel ändern mag. So finden Algen im Frühjahr durch Nähststoffeintrag wie Pollenflug herrliche Wachstumsbedingungen vor. Es dauert eine Weile, bis sich die Algen fressenden Arten, etwa Wasserflöhe, in solchen Massen vermehren, dass sie das Algenwachstum stark einschränken. Die Wasserflöhe haben sich nun aber selbst die Lebensgrundlage entzogen und sterben großteils ab. Sie werden von Bakterien mineralisiert. Die dabei freigesetzten Nährstoffe wirken sich wieder günstig auf das Algenwachstum aus. Nur ein vereinfachtes Beispiel für die engen Beziehungen zwischen Räuber und Beute.

Solche und ähnliche Kreisläufe laufen parallel und hintereinander, verzahnt miteinander und untrennbar voneinander ab. Dieses komplexe System von Wechselwirkungen hält dabei die »Balance«, kleinere Schwankungen gehören aber dazu. Den Hauptteil der Wasserreinhaltung übernehmen jedoch nicht die Wasserpflanzen, sondern die Mikroorganismen. Ein Wasserwechsel bei eingetrübten jungen Teichen ist daher nicht sinnvoll, da bereits eingespielte Kreisläufe unterbrochen werden würden. Besser ist es zuzuwarten und der Natur eine Chance zu geben.

TIPP **Je älter, eingespielter und artenreicher das künstlich geschaffene Ökosystem Schwimmteich ist, desto unerschütterlicher ist auch sein Gleichgewicht.**

Nahsehen statt Fernsehen

Wie der Blick durch ein Teleskop den Betrachter auf eine Reise durch die unendliche Weite des Weltalls schicken kann, so ist ein Mikroskop der Schlüssel zu einer anderen verborgenen Welt, den Mikrokosmos. Schon um wenig Geld kann man ein altes, gebrauchtes Mikroskop erwerben. Ob man damit hin und wieder durch den Mikrodschungel streift, ob man sich Bestimmungsliteratur zulegt und sein Wissen vertieft oder gar einem Mikroskopierverein beitritt, bleibt dem interessierten Naturliebhaber überlassen. Ein Schwimmteich hält jedenfalls das ganze Jahr über ein spannendes Programm mit vielen Überraschungen bereit. Büchertipps und Adressen finden Sie im Anhang.

Natürlich rein

Bei der Wasserreinhaltung eines Schwimmteiches vertraut man auf die natürlichen Kreisläufe im künstlich angelegten Ökosystem Teich. Ein Schwimmteich besteht immer aus zwei Zonen: einem Schwimmbereich und einem mindestens ebenso großen Regenerationsbereich mit Pflanzen. Die Pflanzen entziehen dem Wasser Stickstoff, Phosphor und andere Nährstoffe. Myriaden von Mikroorganismen, die sich als glitschiger Belag über Steine oder Holz legen (»Biofilm«), sind neben Plankton (freischwebende Organismen) die Hauptakteure der Wasserreinigung. Beide Teile – Schwimmzone und Regenerationszone – bilden einen gemeinsamen Wasserkörper. Durch die bauliche Trennung der beiden Zonen wird der sensible, bepflanzte Regenerationsbereich vor Tritten und anderen Störungen geschützt.

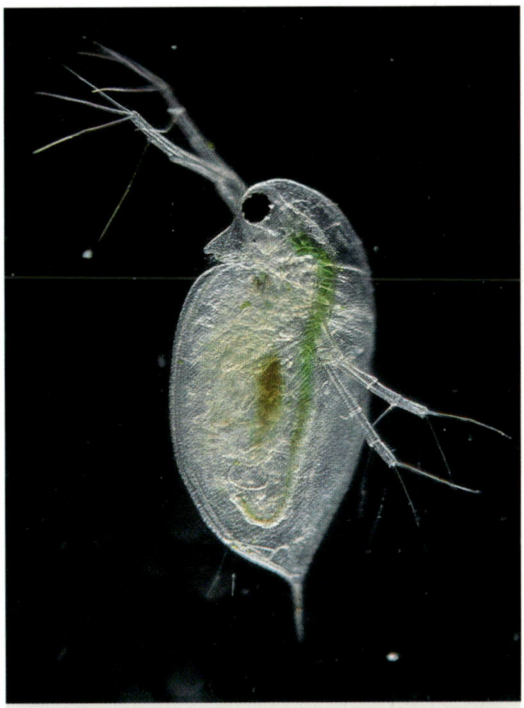

Ein gern gesehener Gast im Mikrokosmos Teich: der Algen fressende Wasserfloh.

Anbaden und Durchtauchen

Um die Entscheidung für oder gegen einen Schwimmteich (vor allem im Hinblick auf das künftige Badewasser) zu vereinfachen, sollte man ältere, eingewachsene Anlagen von Firmen (Referenzanlagen) bzw. Bekannten oder auch öffentliche Anlagen besichtigen. So gewinnt man Klarheit darüber, welches System die jeweiligen Bedürfnisse und Ansprüche am besten erfüllt. Kritische Fragen nach Pflegeaufwand oder jahreszeitlich bedingten Schwankungen der Wasserqualität können vor Ort direkt angesprochen werden. Mit einem Sprung ins Wasser lässt sich am besten beurteilen, was es mit dem Baden in Schwimmteichen so auf sich hat.

SCHWIMMTEICHBAU ❧ Österreich zählt mit seinen ersten, Mitte der 80er Jahre errichteten Anlagen neben Deutschland zu den Pionierländern im Schwimmteichbau. Alleine in Österreich wurden in den letzten Jahren mehrere tausend Schwimmteiche von Firmen gebaut. Dazu kommen noch all jene Schwimmteichbesitzer, die ihre Projekte in Eigenregie verwirklicht haben.

TIPP ❧ **Bei der Auswahl der Firmen kann der Verband österreichischer Schwimmteichbauer weiterhelfen. Er verfügt über eine nach Bundesländern geordnete Adressenliste, außerdem finden sich auf der Homepage wertvolle Links sowie kurze Informationen über Bautypen und Pflegemaßnahmen (siehe Anhang).**

Einbettung in den Garten

Häufig ist der Teich selbst das einzige Anliegen, dem alle Konzentration und Aufmerksamkeit der Bauherren gilt. Ufersäume, Sitzplätze oder die Anbindung an den restlichen Garten werden, wenn überhaupt, nur nebenbei oder nachträglich realisiert. Um allzu schnelle Verlegenheitslösungen zu vermeiden, sollte sowohl in der Planung als auch in der Ausführung bewusst das Teichumfeld miteinbezogen werden.

Fließende Übergänge, verschwommene Grenzen: Sträucher und Stauden schaffen den grünen Ufergürtel, der das Wasser mit dem Land verbindet.

GELUNGENE GESAMTPROJEKTE ❧ zeigen aber auch, dass die Gestaltung manchmal mehr Budget verbraucht als die Anlage des Schwimmteiches selbst. Eine Möglichkeit, die Kosten auf zwei Etappen aufzuteilen besteht darin, nur grobe Erdverschiebungen oder Steinarbeiten (z. B. Setzen von Findlingen) und für den Badebetrieb notwendige Bauvorhaben (Steg etc.) sofort umzusetzen. Kostenintensive Pflasterarbeiten, das Schlichten von Trockenmauern, der Bau einer Treppe oder die Sitzplatzgestaltung können auch zu einem späteren Zeitpunkt erfolgen.

Problematische Böschungen bei Schwimmteichen: Durch Auswaschungen und Erosion am Hang gelangt nährstoffreiches Wasser in den Teich.

Ideenpool

Jäger am Ufer: Plattbauchlibelle.

Klein-Badeteich, Naturpool, »Swimpond«, Schwimmbad-Biotop, »Swimming-Teich« – die oft widersprüchlichen und verwirrenden Markennamen und die zusammengetragenen Informationen aus Zeitschriften, Firmenbroschüren oder Büchern können einem die klare Sicht rauben. Was will man eigentlich? Bevor Sie sich für ein bestimmtes System entscheiden, eine Firma beauftragen oder selbst Hand anlegen, nehmen Sie Zettel und Bleistift und notieren Sie alle Wünsche und Vorlieben. Die Checkliste ist eine Entscheidungshilfe, über welche Punkte man sich beim Bau eines Schwimmteiches im Klaren sein sollte. Die Erfahrungen haben gezeigt, dass selbst bei detailgenauer Planung etwas Improvisationsgeschick nicht schaden kann. Einen gewissen Spielraum für spontane Änderungen und Entscheidungen zu haben ist überaus wichtig. Der Bau eines Schwimmteiches ist eine mitunter komplexe Angelegenheit, die sich nicht wie ein Gebäude auf dem Reißbrett planen lässt.

Vom Bleistift zum Schwimmteich: Zeitlicher Ablauf von der Idee bis zum fertigen Projekt.

Checkliste: Schwimmteich-Ideenpool

Geeigneter Platz ❧ Wo liegt der bevorzugte Ort im Garten für einen Schwimmteich? Woher weht der Wind am häufigsten? Soll der Schwimmteich eine Anbindung an das Haus haben oder abgelegen in einem vom Alltagslärm geschützten Winkel liegen? Mit einem Kübel Kalk lassen sich solche Szenarien gut auf Erde oder Rasen aufzeichnen.

Richtiger Zeitpunkt ❧ Welche Zeitabläufe muss man berücksichtigen? Will man schon im selben Jahr den Teich zum Baden nutzen? Ungünstiges Wetter in der Bauphase, unerwartete behördliche Hindernisse (Einreichplan), verspäteter Beginn wegen Terminkollisionen überlasteter Firmen, Lieferschwierigkeiten oder Bauverzögerungen durch freigelegte Leitungen sind möglich, daher rechtzeitig anfangen.

Mögliche Hindernisse ❧ Gibt es bautechnische Hindernisse, die erst beseitigt werden müssen? Ist etwa die Zufahrt für LKW oder Bagger zu schmal? Ist der Grundwasserstand hoch? Ist das Gelände steil oder kann man aufgrund von Felsen nur mit Mühe graben?

Grösse ❧ Welche Größe, Tiefe und Form sollen die Schwimm- und Regenerationszone haben? Wie viele Personen leben im Haushalt? Wie stark wird der Teich frequentiert? Sind häufig Gäste oder Kinder aus der Nachbarschaft zu erwarten?

Sicherheit ❧ Sind Kinder im Haus? Wie sieht es mit der Sicherheit aus? Für Kinder sollten je nach Alter eigene Spielbereiche wie z. B. Plantschbecken oder ein Stehplatz im Schwimmbereich mit eingeplant werden.

Faulenzen am Wasser: ein kleiner Steg am Ufer mit Sonnenschirm, mehr braucht es nicht.

System und Material ❧ Nach welchem System soll gebaut werden? Erscheint eine Variante besonders sympathisch? Wurden alle Vor- und Nachteile der einzelnen Systeme überlegt? Für welche Art der Abdichtung gibt es Vorlieben? Verschiedene Farben, Folienstärken und Materialien werden angeboten. Die Fachberatung einer Schwimmteichfirma bringt Klarheit über Vor- und Nachteile der einzelnen Produkte.

Umgebung ❧ Wie soll die Einbindung in den restlichen Garten erfolgen? Auch wenn es vielfach übersehen wird: erst die umfassende Rundumgestaltung mit Weg, Ufersaumbepflanzung oder Grillplatz erschließt auch den angrenzenden Garten. Welcher Teil des Ufers soll verbaut werden? Sind Einstiegshilfen wie Treppe oder Leiter geplant? An welcher Seite soll der Steg oder Sitzplatz künftig liegen? Soll ein Weg zum Ufer führen?

Wasserqualität ❧ Wie sieht es mit der Qualität des Füllwassers aus? Während das Wasser aus Ortswasserleitungen in der Regel nährstoffarm und pH-neutral ist, sollte Brunnenwasser, Regenwasser oder Quellwasser vor dem Füllen untersucht werden.

Nachbarn ❧ Wissen die Nachbarn über das künftige Projekt Bescheid? Der Bau eines Schwimmteiches ist mit Erd- und Bauarbeiten verbunden. Ein vorsorgliches Einbinden in die Bauvorhaben sichert den nachbarschaftlichen Frieden.

Sichtschutz ❧ Ist ein fixer Sicht- und Windschutz erforderlich? Sollen es ein lebender Sichtschutz durch Hecken oder lieber Sichtschutzelemente sein? Oder bietet sich gleich eine Kombination von Sonnenschutz mit schönen Kletterpflanzen in Form eines Rankgitters oder einer Pergola an?

Pflege ❧ Wie viel Pflege benötigt ein Schwimmteich? Wartung der Pumpen, Zurückschneiden der Pflanzen, Nachfüllen bei Wassertiefstand, Abkeschern von Algenbeständen, Absaugen des Schwimmbereiches, Laubnetz spannen – die anfallenden Arbeiten beim Schwimmteich sollten weder über- noch unterschätzt werden

Lebendiges Wasser ❧ Soll man eine Wasserumwälzung in den Teich bringen? Wenn ja, in welcher Form? Gibt man der Variante mit Skimmer und Quellstein den Vorzug oder lässt man doch lieber einen Bachlauf plätschern? Oder beides? Gibt es einen Stromanschluss im Garten?

Kosten ❧ Wie groß ist der finanzielle Spielraum? Kann man Eigenleistungen erbringen? Auch wenn ein bindendes Pauschalangebot einer Firma vorliegt: während des Bauvorhabens sollen auch zusätzliche, spontan entstandene Wünsche (z. B. größerer oder veränderter Steg-Bereich, Quellstein) realisiert und berücksichtigt werden können. Daher Budgetrahmen vorher genau prüfen.

Ein Holzpfad ins Wasser: Keschern, fangen, beobachten – ein Schwimmteich ist ein faszinierender Ort.

Ein System in vielen Varianten

Hat man noch vor etwa 20 Jahren zwischen einigen wenigen Bauvarianten wählen können, gibt es mittlerweile ein breites Angebot. Die Systeme unterscheiden sich nicht nur durch abweichende technische Lösungen, sondern auch in Gestalt und Form. Letztlich ist jedoch jeder Schwimmteich ein Unikat, der als neues Zentrum im Naturgarten eine faszinierende Anziehungskraft auf seine gesamte Umgebung ausübt.

Was trennt, was verbindet?

Eine Mauer unter der Abdichtung sorgt für die Trennung von Schwimmbereich und Pflanzzone.

Allen Bauvarianten gemeinsam sind die vollbiologische Reinigung und die Erhaltung des natürlichen Gleichgewichtes des Badewassers. Dennoch gibt es – systembedingt – beträchtliche Unterschiede, in der Erreichung dieser Ziele. Im Laufe der vergangenen Jahre haben sich zwei konträre »Bautypen« entwickelt, die in ihrer Grundphilosophie gegensätzlicher nicht sein könnten. Vertrauen die einen Fachfirmen auf »Natur pur« und überlassen die Erhaltung des biologischen Gleichgewichtes ausschließlich der bepflanzten Regenerationszone, stehen die anderen traditionell dem Poolbau näher und setzen ganz auf Technik. Zwischen diesen Extremen gibt es alle Formen von Mischvarianten, zum Beispiel Schwimmteiche mit einfachen technischen Hilfen wie Rundskimmern. Ein Großteil aller Anlagen wird nach dieser Bautype gebaut. Dass ein Schwimmteich aber auch vollkommen ohne jede technische Hilfe auskommen kann, beweisen ältere Anlagen, die vor über 20 Jahren gebaut wurden. Der Trend geht dennoch eindeutig in Richtung »mehr Technik«. Neue Filtersysteme und ausgeklügelte Wasserumwälzanlagen wirken sich tatsächlich positiv auf die Wasserqualität aus, auch wenn der mäßige Erfolg die hohen Kosten nicht immer rechtfertigt. Wer jedoch überzogene Forderungen hat und den Slogans »Poolwasserqualität« oder »Klarwassergarantie« Glauben schenkt, der hat das System der biologischen Wasserreinigung mitsamt seinen Schwankungen im jahreszeitlichen Rhythmus gründlich missverstanden.

TIPP **Um ein Abrutschen des Substrates zu verhindern und eine möglichst reiche Entfaltung der Wasserfauna zu ermöglichen, sollten Uferböschungen nicht steiler als 1:3 gegraben werden.**

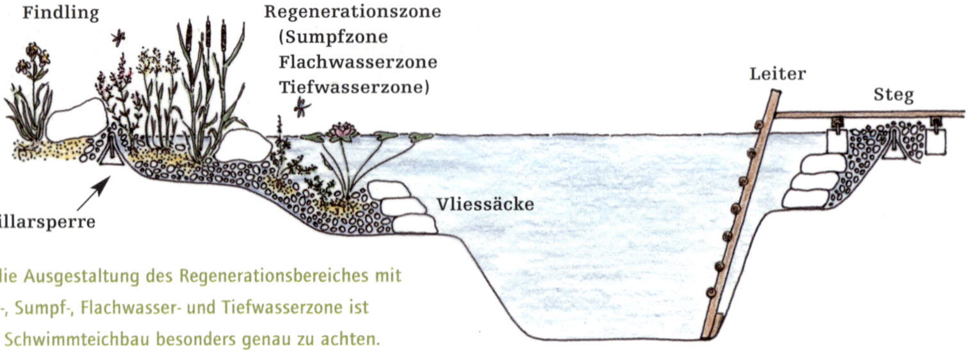

Auf die Ausgestaltung des Regenerationsbereiches mit Rand-, Sumpf-, Flachwasser- und Tiefwasserzone ist beim Schwimmteichbau besonders genau zu achten.

Schwimmteich-Abdichtung

Plane mit eingeschweißtem Becken. Die EPDM-Synthesekautschukplanen müssen im Werk maßgefertigt werden.

Abdichtungen aus PVC (Polyvinylchlorid)-Folien sind, auch wenn keine Schwermetalle verwendet wurden, wegen der enthaltenen Weichmacher im Naturgarten problematisch. Sie stellen außerdem in der Erzeugung und Entsorgung eine große Belastung für die Umwelt dar. Durch das Verflüchtigen der Weichmacher im Laufe der Jahre verlieren sie ihre Elastizität und werden spröde. Synthesekautschukplanen aus EPDM (Ethylen-Propylen-Dien-Mixture)- bleiben auch nach Jahren unverändert elastisch, enthalten keine Weichmacher, sind sehr belastbar und lassen sich auch bei kalter Witterung gut verlegen. Nähte kann man

TIPP **Beim Kauf von Markenwaren kann man sicher gehen, dass diese DIN- oder TÜV-Gütesiegel tragen und auf Kälte- und Wurzelfestigkeit (FLL-Prüfungen), Reißfestigkeit, UV-Beständigkeit und viele andere Parameter geprüft sind.**

bei diesen speziell beschichteten Planen mit einem Heißluftfön vor Ort schweißen, doch werden sie in der Regel maßgefertigt und fixfertig bezogen. Die Kosten liegen aber deutlich über jenen der billigeren Abdichtungen (PVC und andere). Manche Bauherren stoßen sich auch an der schwarzen Farbe der Plane, die den Schwimmbereich in Badeteichen recht dunkel hält. Auch Folien aus FPO (Polyolefine), TPO (thermoplastische Polyolefine) und PE (Polyethylen) enthalten keine flüchtigen Weichmacher. Sie weisen eine gute Umweltverträglichkeit und Reißfestigkeit auf und können ebenfalls vor Ort thermisch geschweißt werden. Die für dieses Produkt angebotenen Farben Türkis oder Smaragdgrün sind für Schwimmteiche beliebt.

Wegen der höheren mechanischen Belastungen bei Schwimmteichen sind Folien-Stärken ab 1,2 mm bis 1,5 mm empfehlenswert. Manche Produkte sind auch gewebeverstärkt im Handel erhältlich, das macht sie widerstandsfähiger gegen mechanische Beanspruchung.

EPDM-Synthesekautschuk (in diesem Fall die Rohrmanschette für den Überlauf) kann durch eine spezielle Beschichtung auch vor Ort mit einem Heißluftfön geschweißt werden.

Filter und andere Reinigungshilfen

Im Gegensatz zu anderen Skimmern hat dieses Modell keine Tierausstiegshilfe, daher täglich entleeren!

Unabhängig von der Schwimmteichbauweise können als Unterstützung der vollbiologischen Reinigung auch technische Hilfen eingebaut werden. Sie helfen ebenfalls mit das verunreinigte Badewasser zu klären.

Skimmer für die Oberflächenreinigung

Am häufigsten kommen im Schwimmteich Skimmer zum Einsatz. Das Prinzip ist einfach und vom Pool- und Schwimmbadbau bekannt: mit einer Pumpe wird ein Sog erzeugt, der oberflächlich Wasser über eine Skimmerkante ansaugt. Auf dem Wasser treibende Blätter, Algenwatten oder andere Verunreinigungen wie Pollenstaub werden abgefiltert. Die Rückstände sind regelmäßig händisch (z. B. über den eingebauten Gitterkorb) zu entfernen. Ein Skimmer sollte immer gegen die Hauptwindrichtung eingebaut werden, damit er seine volle Leistung entfalten kann. Neben den technisch sehr aufwändigen Wandeinbauskimmern, die in die Beckenwand eingepasst werden und eine geringere Toleranz gegenüber Wasserschwankungen (ca. 5 bis 10 cm) haben, gibt es freistehende Rundskimmer mit einer größeren Toleranz von 12 bis 25 cm.

Passende Pumpe Die Pumpe muss auf die verwendete Skimmertype abgestimmt sein. Nassläufer (Tauchmotorpumpen) dürfen im Teich nur mit 12 oder 24 Volt Niederspannung betrieben werden. Sie sind in der Regel leistungsschwächer und es besteht die Gefahr der Überhitzung, wenn sie trockenlaufen. Besser sind trocken aufgestellte Kreiselpumpen, die in einem externen Pumpenschacht, etwa unter dem Steg außerhalb des Teiches, versteckt werden können. Sie arbeiten meist schon sehr geräuscharm und haben einen Überhitzungsschutz eingebaut. Einen Fehlstromschutzschalter sollte man in jedem Fall von einem Fachmann miteinplanen lassen. Die meisten Pumpen müssen frostfrei überwintert werden, es gibt aber auch schon Modelle, die frostbeständig sind.

Trocken aufgestellte Pumpen werden fast immer gut zugänglich in Schächten außerhalb des Schwimmteiches montiert.

Filter & Co

Als zusätzliche physikalische Reinigungshilfen können auch Filterelemente z. B. in den Schotterkörper des Regenerationsbereiches eingebaut werden. Die Elemente bestehen aus einem Filterkörper, der je nach Bauart mit Filtergranulaten, Spezialkies, Zeolith (ein Mineral), Bimsstein, Lava oder einem anderen, stark absorbierenden Material gefüllt ist. Durch Ansaugrohre wird der Filter durchströmt, dabei setzen sich mittlere und kleine Verunreinigungen ab. Vor allem aber haben Tonminerale die Fähigkeit, die frei verfügbaren Nährstoffe im Wasser zu binden und damit einer Überdüngung und vermehrtem Algenwachstum entgegenzuwirken. Zusätze von speziell für die Reinigung von Schwimmteichen gezüchteten Mikroorganismen können ebenfalls zur Unterstützung des Selbstreinigungsprozesses in das Filtersystem eingebracht werden.

KOHLENDIOXIDANREICHERUNG Bei einer anderen Methode wird über ein Rohrsystem Bodenluft, die von Natur aus einen höheren Kohlendioxidgehalt hat, neben dem Teich abgesaugt. Diese kohlendioxidreiche Luft wird in den Teich eingeblasen, was zur Senkung des pH-Wertes führt. Viele Algen fühlen sich im sauren Milieu nicht wohl. Durch die Anreicherung mit Kohlendioxid wird das Wachstum der Unterwasserpflanzen gefördert. Dieses System hat jedoch einen problematischen Punkt: zwar sinkt der pH-Wert des Wassers, doch kommt es dadurch zu einer verstärkten Kalklösung, vor allem bei Verwendung von kalkreichem Flussschotter im Regenerationsbereich. Der daraus folgende Anstieg der Gesamthärte kann das Wachstum gewisser Algenarten fördern.

»WUNDERMITTEL« Während biologische (Teichbakterien) und physikalische (Filterelemente, Skimmer) Hilfen mehr oder weniger zu einer Wasserverbesserung beitragen, sind manche andere Wundermittel wie Granderwasser oder die Dynamisierung des Wassers mit dem Hyperbolischen Schauberger-Trichter umstritten. Ganz die Hände lassen sollte man von UV-Strahlen, Ultraschall oder chemischen Hilfen (Kupferverbindungen), die einen massiven Eingriff in den Teich bedeuten. Sie passen nicht in das Konzept des Naturgartens.

NICHT IMMER OPTIMAL. Mechanische Filtersysteme sind anfällig für Verstopfungen und darüber hinaus wartungsaufwändig. Einzellige Schwebalgen gelangen meist mühelos durch den Filter. Das gröbere abgefilterte Material wird durch Mineralisation von Mikroorganismen (ähnlich den Vorgängen in einem Komposthaufen) zwar abgebaut, die frei werdenden Nährstoffe gelangen aber wieder in den Kreislauf und düngen den Teich.

Wasser lebt

Nicht nur Libellenlarven, Kaulquappen oder Wasserasseln, auch das mit freiem Auge kaum sichtbare Plankton belebt den Teich. Es trägt besonders viel zur Reinigung des Wassers bei. Daher sollte man das Teichwasser nie ohne Vorfilter (engmaschige Netze, Schichtfilter mit Filtergranulat) ansaugen, da vor allem Kleinkrebse wie Wasserflöhe und Hüpferlinge (Foto) durch die Pumpe schweren Schaden nehmen.

Pflanzen klären lassen

Eine einfache, wirkungsvolle und seit längerem praktizierte Variante der Wasserverbesserung bei problematischer Wasserqualität bestehender Schwimmteiche ist das nachträgliche Einbauen einer Pflanzenkläranlage. Sie ist im Prinzip nichts anderes als ein langsam durchströmtes, aus verschiedenen Schotterschichten aufgebautes »Sumpfbeet«.

Nährstoffreiches, verunreinigtes Teichwasser wird am oberen Ende eines Beckens hineingepumpt und sickert langsam durch den bepflanzten, durchwurzelten Schotterkörper. Die Wurzeln liefern den von den Mikroorganismen benötigten Sauerstoff und schaffen dadurch ideale Bedingungen für den Abbau organischer und anorganischer Verunreinigungen und deren Mineralisation. Die dadurch freigesetzten Nährstoffe werden direkt von den Wurzeln aufgenommen und in Stängel- und Blattmasse umgesetzt und gespeichert. Sie sind somit dem Wasserkreislauf entzogen. Das in den Schwimmteich wieder zurückkehrende, geklärte Wasser verschafft eine längerfristige Verbesserung der Wasserqualität.

Umwälzung: ja oder nein?

Werden Skimmer oder Filterelemente in die Regenerationszone eingebaut, muss man sich auch über die Rückführung des Wassers in den Teich Gedanken machen. Eine schmucklose, aber für die Oberflächenabsaugung effiziente Möglichkeit besteht darin, mehr oder weniger versteckt (z. B. unter einem Steg) auf der gegenüberliegenden Seite des Skimmers knapp unterhalb des Wasserstandes eine Druckleitung mit einer flachen Düse einzubauen. Dadurch wird dem Skimmer ständig Wasser zugeströmt. Eine schönere Alternative wäre es, das Wasser über einen Quellstein, einen kleinen Wasserfall oder durch einen vom Hügel herabplätschernden Bachlauf in den Teich einzuspeisen. Natürlich ist auch eine Kombination von Quellstein, Speier, Bachlauf oder Wasserfall möglich.

TIPP **Nicht sehr ratsam sind lange, der prallen Sonne ausgesetzte Wasserläufe. Aufgeheizte Steine verwandeln sich in Glutöfen, die das herabfließende Wasser zu stark erwärmen und seinen Sauerstoffgehalt senken.**

Pflanzenkläranlage

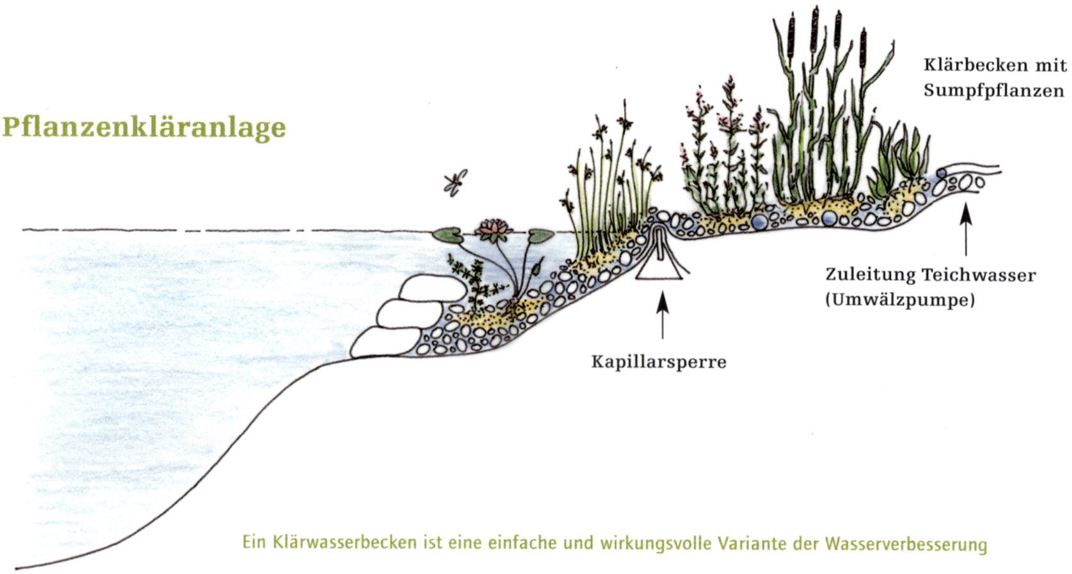

Ein Klärwasserbecken ist eine einfache und wirkungsvolle Variante der Wasserverbesserung

Tiefe und Größe

Die Abmessungen eines Schwimmteichs hängen von Platzangebot, Finanzen und der Nutzungsintensität ab.

Nach oben hin gibt es bei den Ausmaßen von Schwimmteichen keine Beschränkung, außer natürlich aus Platzgründen oder finanziellen Grenzen. Die oft gestellte Frage nach der Mindestgröße eines Schwimmteiches lässt sich nicht einfach beantworten, da diese natürlich auch von der mehr oder weniger intensiven Nutzung abhängt. Baden stellt für jeden Schwimmteich eine Belastung dar. Anlagen mit einer großzügig gebauten Regenerationszone sind schwieriger aus dem Gleichgewicht zu bringen als kleine. Damit die Selbstreinigungskräfte des Wassers nicht überfordert werden, kann als Richtwert eine Mindestgröße von 60 m² gelten. Davon wird die Hälfte für die Regenerationszone benötigt, die verbleibenden 30 m² können als Schwimmzone (z. B. ein 6 × 5 m großer Bereich) genützt werden. Größere Anlagen kommen auch mit einer verhältnismäßig kleineren Regenerationsfläche aus.

Die meisten Schwimmteiche werden mit einer Standardtiefe von 2 m bis 3 m gebaut. Bei zu seichten Anlagen (unter 1,8 m) besteht die Gefahr, dass beim Schwimmen der am Boden abgesetzte Schlamm ständig aufgewirbelt wird. Für Kinder können kleine Stehbereiche (z. B. Unterwasserholzdecks, aufgeschüttete Schotterflächen) eingeplant werden.

EIGENLEISTUNG Der Bau von Schwimmteichen erfordert viel Know-how. Fachfirmen haben dutzende, ja hunderte Anlagen gebaut und verfügen über umfangreiche Erfahrung. Von der Ausgestaltung der einzelnen Zonen bei den Grabarbeiten, einer professionellen Abdichtung, der richtigen Wahl und Menge des Substrates und nicht zuletzt von der Bepflanzung des Regenerationsbereiches hängt es ab, ob ein Schwimmteich Freude bereitet oder zum komplizierten Pflegefall wird. Deswegen sollte man einen Schwimmteich auch als erfahrener Heimwerker nicht ganz ohne die Hilfe einer Fachfirma bauen. Um Kosten zu sparen ist es möglich Eigenleistungen einzubringen, wie Feinplanie der Teichgrube, Schalsteinmauer aufstellen, Schotter führen, Vlies-Säcke füllen etc.

Um Überschwemmungen nach anhaltenden Regenfällen zu vermeiden, wurde vorsorglich ein Überlauf (gut versteckt hinter Findlingen) mit Sickerschacht eingebaut.

Schlichten, Schrauben und Mauern

Bei Neuanlagen fällt das Becken noch deutlich auf.

Die bauliche Trennung zwischen Schwimmzone und Regenerationszone kann auf verschiedene Weise erfolgen. Manche Teichbaufirmen haben sich für eine einzige Bauart entschieden, andere bauen nach verschiedenen Systemen, je nach Kundenwunsch. Auch die Rundumgestaltung wie Holzstege, Gestaltung des Ufers außerhalb der Teichfolie, Sprudelsteine, Wasserläufe, Skimmer für die Wasserreinigung etc. sollten gleich in die Planung miteinbezogen werden. Manche Systeme wie der Bau eines Holzkastens sind patentrechtlich geschützt. Ein Nachbau ist nur unter Entrichtung einer Lizenzgebühr möglich.

Neben der Frage des Geschmackes hat jede Bauart ihre Vor- und Nachteile. Manche Trennungen, wie Mauern aus Vlies-Säcken, werden auf der Abdichtung gebaut, andere wie das Betonbecken befinden sich darunter. In letzter Zeit werden auch Fertigteilmodule angeboten. Sie sind jedoch von ihrer Größe und Form und der technischen Ausstattung an wenige Modelle gebunden und passen als Schwimmteich von der Stange mit Poolcharakter nicht so recht in den individuell gestalteten Naturgarten.

Schwimmteich mit Betonschalsteinmauer

Nach diesem soliden System wird seit Mitte der 80er Jahre gebaut; es hat sich in der Praxis gut bewährt. Die größtmögliche Nutzung des Schwimmbereiches macht diese Methode auch für kleinere Anlagen, für instabile Böden wegen der zu befürchtenden Abrutschungen (z. B. Schotterböden) und für Hanglagen interessant. Durch die faltenlosen, senkrechten Wände setzt sich der Schlamm nur am Boden ab und ist vom Beckenrand mit einer Absaugpumpe leicht zu entfernen. Die Mauerkrone rund um den Schwimmbereich kann an einer oder mehreren Seiten als Auflager für einen Holzsteg genutzt werden, der Rest lässt sich außerdem mit einer Natursteinplatten- oder Holzabdeckung gut als »Unterwassersitzbank« verkleiden und bei Pflegearbeiten begehen.

TIPP **Statt der Betonschalsteine können auch eigens gefertigte, federleichte Bausteine (z. B. 25 × 25 × 100 cm) aus geschäumtem Kunststoff verwendet werden. Ein Becken lässt sich damit mühelos an einem Vormittag alleine aufstellen und kann noch am selben Tag mit Beton verfüllt werden. Verglichen mit den schweren Betonschalsteinen eine große Arbeitserleichterung, die jedoch auch ihren Preis hat. Was durch die Zeitersparnis gewonnen wird, fließt in die höheren Materialkosten.**

Auf eine betonierte Platte wurde ein Becken aus geschäumten Kunststoff-Bausteinen aufgestellt und mit Beton verfüllt.

Durch den höheren baulichen Aufwand (Mauerbau und maßgefertigte Plane mit eingeschweißtem Becken) kommt dieses System jedoch teurer als etwa ein Schwimmteich mit Vlies-Säcken. Auch wenn der Teich nach Jahren verwachsen ist, kann man die Beckenform des Schwimmbereiches immer noch gut erkennen. Das ist auch ein Grund, warum manche diese dem Pool abgeschaute Bauart für einen Naturteich »unpassend« finden.

Schwimmteich mit Wall

Bei dieser Bauart sorgt ein Erdwall, der beim Graben des Teiches stehen gelassen wird, für die notwendige Trennung von Schwimmbereich und Regenerationszone. Der Boden sollte dafür stabil und gefestigt sein. Dies ist eine kostengünstige und einfache Methode, die jedoch nur bei großen Anlagen (ab 300 m²) sinnvoll verwendet werden kann, weil sie viel Platz benötigt. Geschwungene Schwimmzonen lassen sich mit dieser Methode gut verwirklichen und passen sehr gut in den naturnah gestalteten Garten. Der Wall kann als Auflager für einen Holzsteg oder eine Brücke dienen. An den schrägen Wänden des Schwimmbereiches setzt sich jedoch relativ viel Schlamm ab, der schwieriger zu entfernen ist als bei ebenen Flächen. Außerdem lässt sich der mit der Abdichtung verdeckte Wall nur schwer kaschieren und ist nicht schön anzusehen.

Mit Vlies-Säcken kann man elegante Rundungen gestalten, die als bauliche Trennung nach zwei, drei Jahren kaum auffallen.

Schwimmteich mit Vlies-Säcken

Mit Schotter gefüllte, rund 50 kg schwere »Teichsäcke« aus unverrottbarem, grünem Polypropylen werden direkt auf die fertig verlegte Plane als Trennung zwischen Schwimmbereich und Regenerationszone an der Böschungskante aufgeschlichtet (siehe Skizze auf Seite 14). Zum Füllen hat sich Schotter der Körnung 8–16 mm bewährt. Die Säcke sollte man nicht zu knapp an die Kante legen, um ein Abrutschen der gegrabenen Böschung rund um den Schwimmbereich zu vermeiden. Schwimmteiche nach diesem System sind relativ einfach und kostengünstig zu bauen. Mit den grünen Vlies-Säcken lassen sich Rundungen leicht legen, was den natürlichen Charakter der Anlage unterstreicht. Knapp hinter den Säcken gepflanzte Nadelsimsen *(Eleocharis acicularis)* und andere Unterwasserpflanzen überwuchern sie teilweise, die bauliche Trennung fällt schon nach ein paar Jahren kaum mehr auf. Eine Vlies-Sackmauer ist im Gegensatz zu einer betonierten Mauer wasserdurchlässig, was sich auf die Wasserzirkulation und -qualität im Teich günstig auswirkt.

Nachteile des Systems Wie bei jeder anderen runden Teichmulde auch bilden sich beim Verlegen ganzer Planen Falten. Schlamm sammelt sich an den schrägen Wänden rund um den Schwimmbereich an und lässt sich auch nicht so einfach absaugen wie beim ebenen Boden eines Beckens. Bei stark frequentierten Schwimmteichen sind Vlies-Säcke den Belastungen auf Dauer oft nicht gewachsen. Die bei diesem System notwendigen schrägen Wände verkleinern den Schwimmbereich. Vorsicht ist bei instabilem Untergrund wie Schotterböden geboten: Hier kann es beim Graben des Teiches zum Abrutschen ganzer Böschungen kommen.

Vlies-Säcke lassen sich einfach zu Mauern im Schwimmbereich schlichten. Form und Höhe der Stehzone kann man dadurch leicht anpassen und variieren.

Schwimmteich mit Blocksteinen

Statt Vlies-Säcken werden Steinblöcke als Trennung der beiden Zonen auf eine Vliesbahn geschlichtet. Der Bau einer Treppe aus gleichem Material bietet sich da wie von selbst an. Transport und Verlegung müssen behutsam geschehen, damit die Plane nicht beschädigt wird. Die Steine dürfen nicht zu leicht sein, weil sie genug Eigenstabilität aufbringen müssen. Hohlräume und größere Fugen in der Mauer sind ideale Verstecke für Kaulquappen und Wasserinsekten. Auch für diese Methode muss der Untergrund stabil sein.

Schwimmteich mit Holzkasten (geschütztes System)

Auf die fertige Abdichtungsplane wird ein etwa 1,5 m hoher Holzkasten aus Kanthölzern (z. B. 10 cm dicke Lärchenkanthölzer) aufgebaut. Die einzelnen Hölzer können entweder durchbohrt und mit einem Eisengewinde, oder speziellen Holznägeln in Riegelbauweise verbunden werden. Zwischen Teichwand und Kasten wird grober Schotter (Korngröße z. B. 63–300 mm) hinterfüllt. Holz, das ganz unter Wasser bleibt, ist gut haltbar.

Die Schotterwand hinter dem Kasten bietet Wassertieren einen noch besseren Rückzugsraum als die geschlichtete Steinmauer. Auf den Holzkasten lässt sich mühelos Steg und Leiter oder zwischen den Balken eine Stehplatzfläche für Kinder montieren. Da viel Holz benötigt wird, ist diese Variante kostenintensiver als das Schlichten von Vlies-Säcken. Das System ist patentrechtlich geschützt und ein Nachbau ohne Lizenz untersagt.

Eine schöne Alternative zum gemauerten Becken ist eine Trennung mit Lärchenhölzern (patentrechtlich geschütztes System).

Schwimmteich mit Trennungs-elementen aus Kunststoff

Hier erfolgt die Abgrenzung aus speziellen, L-förmigen, dünnwandigen Recycling-Kunststoff-Winkelelementen auf der Böschungskante zwischen Vegetationszone und Schwimmbereich. Die einzelnen Winkelelemente sind seitlich verzahnt und mit Ösen versehen. Mittels Stahlstäben, die durch die Ösen gesteckt werden, lassen sie sich einfach miteinander verbinden und die entstandenen Fugen mit einem Dichtungsmittel ausschäumen. Aufgeschüttete Erde auf der außen liegenden Basis der L-Elemente beschwert und stabilisiert die Abgrenzungselemente. Erst jetzt wird die Plane verlegt. Zusätzlich kann die Trennwand mit Lärchenholz abgedeckt werden. Mit den flexiblen Abgrenzungs-Winkelelementen lassen sich auch runde Trennwände bauen. Ein einfaches und gut durchdachtes System, das durch eine Lizenz geschützt ist.

Die stabile Kapillarsperre wurde aus ins Mörtelbett gesetzten PE-Kunststoffbahnen und einer Reihe Granit-Kleinpflastersteinen gebaut.

Kapillarsperre Damit das Teichwasser an den Rändern nicht durch Erde oder von außen hineinwachsende Wurzeln ausgesogen wird, braucht es unbedingt eine bauliche Trennung, um den mitunter beträchtlichen Wasserverlust zu verhindern. Besser als die Folie an den Rändern nur aufzustellen und lose mit Steinen zu befestigen, ist eine solide Variante mit einbetonierten Kunststoffbahnen oder Begrenzungselementen ganz aus Beton.

Eine Kapillarsperre ist unbedingt nötig, um den Teich vor Wasserverlust zu schützen.

Als Trennung wurden auf ein betoniertes Becken drei bis vier Reihen Großpflastersteine aus Granit gemauert.

Schwimmteiche nach anderen Systemen

Es gibt viele andere Möglichkeiten, die Trennung zwischen Schwimmzone und Regenerationszone zu realisieren. Meist sind diese jedoch Ableger bekannter Systeme. Ein Beispiel sind rund gefräste und dann abgeflachte Holzstämme aus Lärche oder Tanne. Die Stämme mit einem Durchmesser von 14–18 cm werden in 3 bis 5 Reihen auf die Böschungskante gelegt und miteinander verbunden. Die Holzrahmenkonstruktion ist eine recht kostengünstige und natürlich wirkende Abgrenzung, ein Begehen ist jedoch wegen rutschiger Algenbeläge nicht möglich. Manche Firmen verwenden zur Trennung ein in die Schwimmzone eingebautes, vollständig verschaltes Holzbecken. Andere bauen auf ein spezielles System aus Kunststoffelementen mit Löchern für den Wasseraustausch. Es besteht auch die Möglichkeit, einen herkömmlichen Pool durch Abbrechen der Kanten um 40 cm und eine komplett neue Abdichtung (Plane) in einen Schwimmteich umzubauen. Der Regenerationsbereich, um den der ehemalige Pool erweitert werden muss, sollte mindestens so groß wie das Becken sein.

Auf die Mauerkante der Einstiegsseite des betonierten Beckens wurde als gestalterisches Element eine Reihe Blockstufen verlegt.

Ein Schwimmteich entsteht

Auf dem Fleckchen Wiese soll schon in naher Zukunft ein Schwimmteich entstehen. Bagger und Lastkraftwagen rollen an und das Wetter spielt auch mit. Was NaturgärtnerInnen erwartet, wenn gegraben, geschaufelt, gehämmert, verlegt,geschweißt, gemauert, geschottert und bepflanzt wird, zeigen wir anhand eines konkreten Projektes.

Es ist soweit

Schon bald soll der Traum vom eigenen Teich Wirklichkeit sein.

Nach einer längeren Planungsphase über die Wintermonate und einigen Entwurfsplänen hatte sich die Schwimmteichbaufirma mit den Grundstückseigentümern auf eine Variante festgelegt. Es sollte ein 450 m² großer Schwimmteich mit einer Trennung aus Holzelementen werden. Die Auftraggeber entschieden sich für diese Bauform, weil sie sich am besten in die naturnahe Umgebung einfügt. Auf technische Hilfen wie Skimmer, Wasserumwälzung und Filterelemente wurde ganz verzichtet. Für das Projekt im Mostviertel (Waidhofen an der Ybbs) lag ein detailliertes Angebot vor. Alle darin enthaltenen Positionen waren genau aufgeschlüsselt und beschrieben. Nach Auftragserteilung und Baubewilligung (einschließlich Wasserrechtsbescheid) wurde mit dem Projekt unverzüglich im April 2006 begonnen. Läuft bei einem Schwimmteichprojekt alles nach Plan, sind die Arbeiten in 3 bis 4 Wochen abgeschlossen.

Nur wenn alle beteiligten Firmen Hand in Hand arbeiten, kann mit einem zügigen Baufortschritt gerechnet werden.

Bautagebuch

Einen Schwimmteich zu bauen ist ein schönes, spannendes und einzigartiges Ereignis. Viel zu schade, es nur in vagen Erinnerungen festzuhalten. Mit Papier, Bleistift und Kamera lassen sich alle Stadien des Projektes bestens dokumentieren. Dabei dürfen natürlich persönliche Anmerkungen wie »die erste entdeckte Libelle« oder »das erste Mal ins Wasser springen« nicht fehlen. Ein Bautagebuch vermittelt auch Freunden und Bekannten einen guten Eindruck über das Geschehen rund um das Projekt.

Einer für alle Ist eine Schwimmteichfirma als Generalunternehmer beschäftigt, so braucht man sich um die Organisation nicht weiter zu kümmern. Der Vorteil liegt auch darin, dass die Firmen untereinander eingespielt sind. Ein Schwimmteichbauer vergibt, sofern er sie nicht selbst erledigt, die Aushubarbeiten nur an ein Erdbauunternehmen, mit dem er gute Erfahrungen gemacht hat, weil es solche Projekte schon öfters durchgeführt hat. Andernfalls kann es zu erheblichen Bauverzögerungen und Koordinationsschwierigkeiten kommen: Erdbauunternehmen, Abdichtungsfirma, Bauunternehmen, Landschaftsgärtner, Elektriker, Zimmermann und Installateur müssen unter einen Hut gebracht werden.

Schritt für Schritt zum Wunschteich

Beim Teich graben sollte man sich Zeit lassen.

Bauvorbereitungen

Noch bevor die ersten Bagger anrollen sollten alle Vorbereitungen beendet sein. Große Bäume, die sich nicht mehr verpflanzen lassen und dem Projekt im Weg stehen, müssen gefällt und abtransportiert werden. Stauden, Sträucher und verschulbare Bäume, die die Bauabwicklung behindern, lassen sich in Zwischenquartieren an einem halbschattigen Ort unterbringen. Exponierten Bäumen, die nahe an der Baustelle wurzeln, ist besondere Aufmerksamkeit zu widmen. Überhängende Äste können entweder beschnitten, abgestützt oder aufgebunden werden. Ihr Stamm sollte besonders bei engen Durchfahrten mit einer Holzverschalung aus Brettern gegen Rindenverletzungen geschützt werden.

TIPP **Ein kurz geschorener Rasen oder eine abgemähte Wiese verschaffen einem den nötigen Überblick, um mit einem Markierspray oder einem Kübel Kalk die künftige Uferlinie anzuzeichnen.**

Sofern nicht vorhanden, muss eine mindestens drei, besser vier Meter breite Zufahrt eingerichtet werden. Manchmal lässt es sich nicht vermeiden Zaunelemente vorübergehend zu demontieren. Bestehende Stromleitungen und Kanäle am Grundstück markiert man vor den Grabarbeiten am besten mit Holzpflöcken.

Schritt 1: Messen und Graben

Ein durchschnittlich großer Schwimmteich mit einer Wasserfläche von 200 m^2 lässt sich in eineinhalb bis zwei Tagen graben. Am besten transportiert man den nicht benötigten Aushub gleich mit einem LKW ab. Im konkreten Projekt wurde zur Straßenseite hin ein Erdwall aufgeschüttet. Das spart nicht nur Transportkosten, es schafft auch eine effiziente Abschirmung gegen den Straßenlärm. Die Erdbewegungen sind bei dieser Größenordnung (450 m^2 Wasserfläche) gewaltig. Etwa 800 m^3 Erde wurden in drei Tagen mit Löffeldrehkranzbagger und LKW bewegt. Bei einem Abtransport der gesamten Erde hieße das, dass ein LKW mit 10 m^3 Laderaum 80-mal fahren hätte müssen. Beim Graben der einzelnen Zonen helfen Hilfspflöcke, die genau mit Nivelliergerät eingerichtet sind. Ein stetiges Nachmessen und Kontrollieren von Ist- und Sollzustand mit Nivelliergerät und Maßband ist während der laufenden Baggerarbeiten unbedingt notwendig.

TIPP **Besonderes Augenmerk muss den Uferböschungen gelten, die keinesfalls zu steil gegraben werden dürfen. Eine einmal zu steil aus dem Mutterboden gegrabene Böschung lässt sich nicht einfach wieder anschütten.**

Stehzeiten Um Stehzeiten (z. B. während der LKW den Aushub abtransportiert) zu vermeiden kann der Baggerfahrer Steg-Fundamente, Pumpenschacht, Unterbau des künftigen Sitzplatzes vorbereiten oder andere Grabarbeiten erledigen.

Treten in der Teichgrube Felsen oder scharfkantige Steine zu Tage, sollte zusätzlich zum Vlies noch eine 5 cm dicke Schicht aus Kabelsand aufgetragen werden.

Schritt 2: Modellieren der Teichgrube

Nach den Aushubarbeiten kann mit der Feinplanie und Ausgestaltung der einzelnen Zonen begonnen werden. Mit einem Spaten lassen sich Uferkanten gut nachstechen und abflachen. Sind Wühlmäuse schon öfters im Garten auf Besuch gewesen, kann vorsorglich ein engmaschiges Gitter aus verzinktem Eisen eingelegt werden. Mit Rechen, Schaufel und Schubkarre sind alle groben Unebenheiten und spitzen Gegenstände wie kantige Steine, Reste von Bauschutt oder Scherben einfach zu beseitigen.

Pausen nicht vergessen Graben, mauern, betonieren, Folie verlegen, Schotter einbringen: der Bau eines Schwimmteiches ist eine Kräfte raubende Tätigkeit. In der Hektik des Geschehens sollte man nicht vergessen öfters innezuhalten: die letzten und die nächsten Schritte zu überdenken und bei Speis und Trank neue Kräfte zu sammeln. Eine Jausenpause zwischendurch hebt die Stimmung aller Beteiligten, was dem Baufortschritt zugute kommt.

Schritt 3: Bauen einer Kapillarsperre

Kapillarsperre und Randgestaltung

1 Erde Teichrand (z. B. Staudenbeete, Blumenwiese)
2 Randeinfassung (z. B. ins Mörtelbett versetztes Kleinpflaster, einreihig)
3 Kapillarsperre (z. B. 5 mm starke PE Kunststoffbahnen ins Mörtelbett gesetzt, Begrenzungselemente aus Beton)
4 Substrat und Pflanzzone
5 Schotter (z. B. Körnung 8/16 mm)
6 Vlies und Teichplane

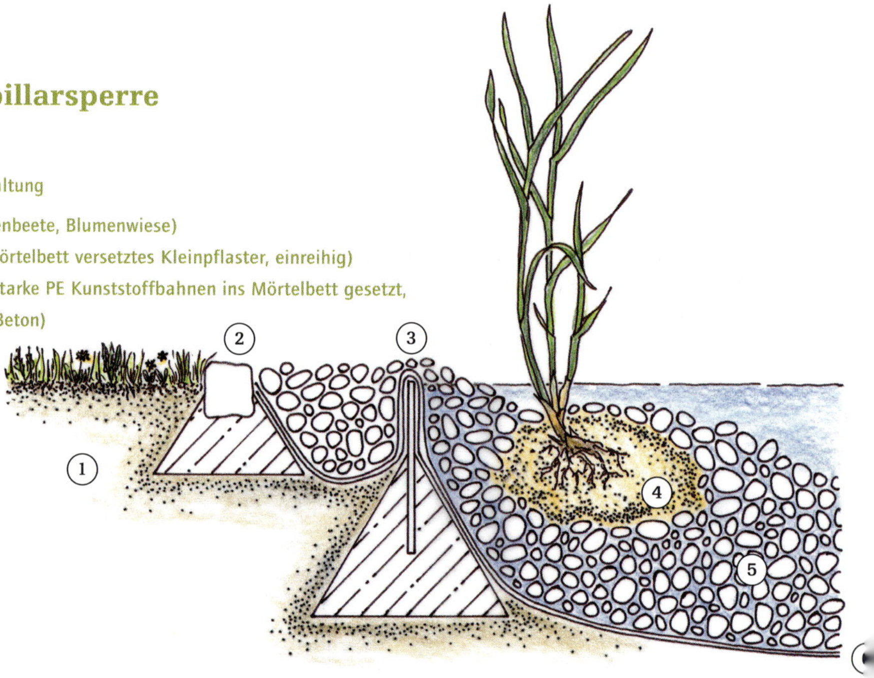

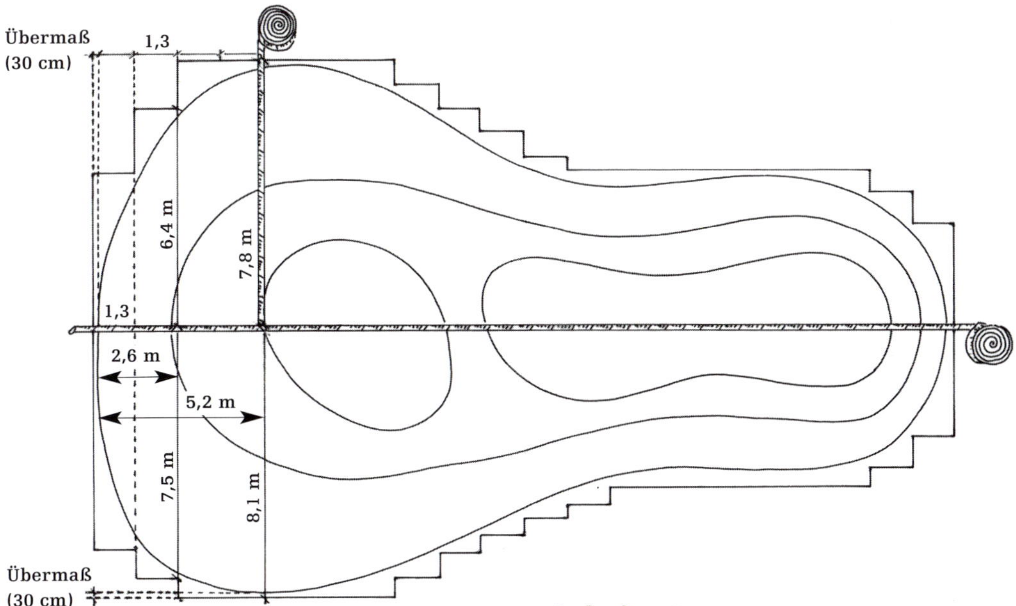

Das Teichprofil muss penibel vermessen werden, um das Passen der Teichplane zu garantieren.

Eine Kapillarsperre zur Trennung von Uferbereich und Regenerationszone ist unabdingbar, um zu verhindern, dass Wasser von außen aus dem Teich gesaugt wird. Am Besten ist es, von vorn herein eine solide Variante vorzusehen (siehe auch Seite 30) Dafür können 30 cm breite Kunststoffbahnen aus biegsamen, 5 mm starken PE-Platten herausgeschnitten und mit Holzpflöcken fixiert werden. Nach dem Ausnivellieren und Einrichten der Sperrschicht etwa 5 cm über dem endgültigen Wasserstand setzt man die Bahnen in ein Mörtelbett, um sie dauerhaft zu befestigen. Ein schmaler Mörtelkeil auf beiden Seiten, mit einer Maurerkelle angedrückt und angestrichen, sorgt für eine bessere seitliche Abstützung.

Vor allem bei frisch angeschütteten Teichböschungen ist Vorsicht geboten. Hier kann es durch Setzungen des Erdreichs zu Niveauunterschieden kommen, wodurch auch der Wasserspiegel sinkt. Hier wäre es besser, zunächst eine provisorische Kapillarsperre zu errichten und sie erst im folgenden Jahr mit einem Mörtelkeil zu versetzen.

Schritt 4: Ausmessen der Teichplane

Bei maßgefertigten Planen muss nach der Feinplanie das Teichprofil zur Ermittlung der Planengröße vermessen werden. Dafür wird ein 30 m langes Maßband locker (ohne zu spannen) durch die Teichmulde gelegt und diese mit einem Übermaß von 30 cm an beiden Enden alle 1,3 m (Bahnenbreite) nach beiden Seiten vermessen. Die Skizze mit allen Messdaten dient als Vorlage, die Plane selbst wird dann im Werk mit hochwertigen automatischen Schweißgeräten maßgefertigt.

Schritt 5: Fundamente für Steg und Steinarbeiten

Aus Betonschalsteinen können Fundamente für die Auflagehölzer des künftigen Steges wunderbar gemauert werden. Die Fundamentoberkante sollte nicht mehr als 2 bis 3 cm über dem endgültigen Wasserstand liegen. Um die bei unserem Projekt entstandene viertägige Wartezeit auf die Abdichtungsplane auszufüllen, wurde mit dem Legen von Trockenmauersteinen und Pflasterarbeiten begonnen.

Schritt 6:
Verlegen von Vlies und Plane

Um die Teichplane vor Beschädigungen durch den Untergrund zu schützen, muss man bevor diese verlegt wird eine Vlies-Schicht in der Teichmulde ausbringen. Geotextilvlies (Polypropylen) ist in zwei und vier Meter breiten Rollen in verschiedenen Stärken und unterschiedlicher Qualität im Handel erhältlich. Für den Schutz der Teichfolie reicht ein 200–300 g/m² starkes Vlies völlig aus. Die Bahnen sind schnell (mit etwa 30 cm Überlappung) ausgerollt und verlegt und lassen sich leicht mit einem Cutter oder scharfen Messer schneiden.

TIPP **Wenn die Vlies-Bahnen mit einem Heißluftfön verklebt sind, sollte man sie außerhalb des Teiches mit Holzpflöcken fixieren, damit sie beim Verlegen der Abdichtungsplane nicht verrutschen.**

Das Schutzvlies wird in Bahnen mit 30 cm Überlappung ausgelegt und verschweißt.

Verlegt wurde eine 700 m² große, 1,2 mm starke EPDM-Plane (1050 kg schwer!) auf der die Trennung aus Lärchenkanthölzern errichtet wurde.

Vorgefertigte, maßgeschneiderte Planen werden in Rollen geliefert. Bei größeren Teichen ist zu bedenken, dass wegen deren beachtlichen Gewichtes mehrere Helfer oder Helferinnen notwendig sind. Bei unserem konkreten Projekt standen sechs Personen zur Verfügung. Die vielen kleinen Falten, die beim Verlegen der Plane entstehen, sollten zusammengezogen und zu wenigen großen vereinigt werden.

Schritt 7:
Abtrennung aus Holz zimmern

Aus 15 cm starken Lärchenkanthözern wurde bei diesem Projekt die Abtrennung zwischen Schwimmbereich und Regenerationsbereich gezimmert. Das Verhältnis der beiden Zonen entspricht 1:1. Um den Auftrieb des Holzes im Wasser zu unterbinden wurden Estrichbetonplatten an der Unterseite der Auflagehölzer angeschraubt und mit einer Schubkarre voll Mörtel beschwert. Auf die Kanthölzer selbst kam eine etwa 40 cm breite Abdeckung mit Holzpfosten. Sie dient einerseits zum Begehen bei Pflegearbeiten, anderseits als Unterwassersitzbank. Für die Konstruktion benötigten zwei Personen einen ganzen Tag. Andere Varianten wie die Trennung mit einem Holzkasten oder Mauerwerk sind material- und zeitaufwändiger und daher auch teurer.

Schritt 8: Steg, Treppe, Sitzplatz und Mauer

Ist die Plane fertig verlegt, so kann mit den Begleitarbeiten wie dem Bau des Steges begonnen werden. Folienreste lassen sich gut als Schutz gegen das Aufgehen von Beikräutern unter dem Steg verwenden. Die Plane selbst wird mit verzinkten Eisenwinkeln und Kantholz auf das Fundament des Steges geschraubt. Die geriffelten Steg-Bretter kann man am einfachsten mit Niro-Selbstbohrsenkschrauben am Auflageholz befestigen. Gleichzeitig wurde bei unserem Projekt mit den Pflasterarbeiten für einen Sitzplatz begonnen. Auf dem verdichteten und gerüttelten Unterbau aus 0/45 mm Kalkgreder wurden Granitplatten ins Sandbett verlegt. Am dem Steg gegenüberliegenden Uferbereich entstand ein zweiter Einstieg mit einer Treppe aus Granitblockstufen.

Ein zweiter Sitzplatz am Ende des Schwimmteiches wird geschickt mit einer halbkreisförmigen Stützmauer kombiniert.

Schritt 9: Einbringen von Schotter und Substrat

Als grobe Struktur in der Regenerationszone hat sich Schotter der Körnung 16/32 mm bewährt. Sind Skimmer, Wasserläufe oder ähnliches geplant, müssen die Zu- und Ableitungen (am besten knicksichere Schläuche) jetzt verlegt werden.

Teichsubstrat Als ideales Teichsubstrat hat sich in Schwimmteichen eine Mischung aus kalkfreiem Sand (z. B. Quarzsand) mit nährstoffarmem Ton im Verhältnis 3:1 bewährt. Es ist nur an jenen Stellen des Teichs nötig, wo später verwurzelte Pflanzengruppen geplant sind und sollte nach dem Einbringen mit einem Schotter feinerer Körnung (z. B. 8–16 mm) abgedeckt werden. Dadurch wird ein Aufwühlen und Eintrüben der Regenerationszone durch Wasserbewegung weitgehend vermieden.

Verteilen des Schotters Die Stärke der gesamten Schotterschicht inklusive des abgedeckten Pflanzsubstrates sollte nicht viel mehr als 30 cm betragen, denn sukzessive Verschlammung tieferer Schotterbereiche schafft sauerstoffarme, für die Wasserqualität nachteilige Bereiche. Nach dem vorsichtigen Verteilen des Schotters mit Schubkarre, Schaufel und Rechen zieht man die Folie über die Kapillarsperre und schneidet sie mit etwa 40 cm Überstand mit einem Cutter oder scharfen Messer provisorisch ab.

Von der Straßenseite her ließ sich der zweimal gewaschene Schotter und das Teichsubstrat leicht mit einem LKW samt 14 Meter langem Greifer aufteilen.

TIPP **Ein Überlauf mit angeschlossenem Sickerschacht leitet überschüssiges Wasser nach starken Regenfällen kontrolliert ab.**

Schritt 10: Füllen

Fast immer wird der Schwimmteich mit dem Wasser befüllt, das vorhanden ist, unabhängig von seiner Qualität. Das kann sich später rächen. Besonders Quellwasser oder Grundwasser in ländlichen Gebieten verfügt oft über einen zu hohen Nährstoffgehalt. Kein Wunder, werden doch intensive Kulturen wie Mais massiv gedüngt und auf Weideflächen Gülle ausgebracht. Ein weit verbreiteter Irrtum ist auch, dass Regenwasser immer nährstoffarm sei. Die Verunreinigungen in der Luft reichen oft schon für einen erhöhten Nährstoffgehalt. Grundwasserbrunnen können ebenfalls belastet sein.

WASSERPRÜFUNG Um sicher zu gehen, sollte man in problematischen Gegenden eine Wasseruntersuchung vornehmen lassen bzw. bei Leitungswasser Auskünfte über das örtliche Wasserwerk einholen. Im konkreten Fall wurde der Schwimmteich mit Quellwasser (pH-Wert 7,2) gefüllt. Im Vergleich hatte das an der Grundstücksgrenze vorbei fließende Bachwasser einen pH-Wert von 8,7. Die Quelle entspringt in einem waldreichen Gebiet, eine hohe Nährstoffkonzentration war daher nicht zu befürchten.

Trübe Sicht und klarer Kopf

Aus langjähriger Erfahrung lässt sich sagen, dass sich Schwimmteiche vor allem am Anfang sehr unterschiedlich entwickeln. Das hängt einerseits mit der Qualität des Füllwassers zusammen, andererseits von vielen Umweltfaktoren ab wie z. B. Licht, Temperatur,und Artenzuzug (Impfwasser). Frisch gefüllte Teiche trüben sich meist schon beim Einlassen stark ein, weil sich die aufgeschwemmten Staubteilchen des Schotters im Wasser verteilen. Nach zwei bis drei Tagen herrscht nach dem Absetzen der Schwebeteilchen glasklare Sicht. Ein plötzlicher Farbumschlag des Wassers in Grün-, seltener Rottöne ist auf mikroskopisch kleine Algen zurückzuführen, die sich ohne Konkurrenz massenhaft vermehren können. Der Teich steht am Beginn seiner Entwicklung. Ein Wasserwechsel wäre hier völlig falsch. Hier heißt es klaren Kopf bewahren und abwarten, bis sich die natürlichen Kreisläufe eingespielt haben. Meist verschwinden Trübungen so schnell wie sie gekommen sind.

Füllwasser sollte direkt ins Becken eingelassen werden, um Ausschwemmung von Substrat im Uferbereich zu vermeiden.

Schritt 11: Wasserpflanzen setzen

In unserem Schwimmteich mit einer zu bepflanzenden Fläche von 225 m² wurden 300 Stück Wasserpflanzen in der Sumpf- und Flachwasserzone untergebracht. Bei der Auswahl (und damit der berechneten Stückzahl) wurde eher starkwüchsigen und robusten Arten wie Igelkolben, Binsen, Rohrkolben oder Kalmus der Vorzug gegeben, außerdem sollte sich der Schwimmteich auf Wunsch der Bauherrn durch die Verwendung vorwiegend heimischer Gewächse gut in die Umgebung einfügen. Natürlich durften die schön blühende Sumpfiris, der Blutweiderich und die Sumpfdotterblume im ufernahen Bereich nicht fehlen.

STÜCKZAHLEN Die einzelnen Arten wurden in großen Gruppen zu 20–30 Stück gesetzt, sie sollen einmal einheitliche Bestände bilden. In der Tiefwasserzone wurden insgesamt 5 Seerosen in Sorten und ca. 40 Unterwasserpflanzen eingebracht.

TIPP Nur spärlich werden jene Bereiche der Regenerationszone bepflanzt, wo sich der Überlauf, und z. B. ein Unterwasserkneipp-pfad oder ein Trittsteinweg aus Findlingen befinden.

Um ein Aufwühlen und eine Trübung des Wassers zu vermeiden werden die Wasserpflanzen gesetzt, bevor der Teich ganz gefüllt wird.

Schritt 12: Teichumgebung gestalten

Durch Bauarbeiten schwer verdichteter Boden (z. B. Fahrrinne) muss wieder tiefgründig gelockert werden. Das Einbringen von feinkrümeliger Erde oder Kompost erleichtert das Ebnen und Vorbereiten der Beete oder Wiesenflächen am Teichrand ungemein. Die Folienränder können bei Erreichen der endgültigen Wasserstandsmarke mit etwa 5 cm Überstand, gemessen von der Kapillarsperre, abgeschnitten, darüber gezogen und durch Schotter abgedeckt werden.

UFERPFLANZEN SETZEN Entlang des Erdwalles am Zaun wurde eine Vogelschutzhecke mit heimischen Sträuchern gesetzt. Sie bietet einerseits einen Sicht-, Sonnen- und Windschutz während der ganzen Badesaison und sorgt andererseits für Brutmöglichkeiten und Nahrung für viele Singvogelarten. Teile des vorgezogenen Hügels und Flächen bei Steg und Sitzplatz wurden mit niedrig bleibenden, blühenden Stauden und Gräsern gestaltet.

WIESE ANBAUEN Die restliche Fläche rund um unseren Projektteich sollte mit einer Wiesensaatgutmischung begrünt werden. Nur auf den intensiv begangenen Bereichen um den Teich wird öfters gemäht, sonst darf sich eine langhalmige Wiese entwickeln.

RÜCKZUGSGEBIETE SICHERN Erdwall, Steinmauer, Hecke und Wiese bilden einen willkommenen Rückzugsort für viele Amphibien oder für die harmlose Ringelnatter. Ein Teich alleine, umschlossen vom grünen Rasen, ist nicht im Sinne des Naturgartengedankens. Erst die Vernetzung und Durchmischung der einzelnen Gartenbereiche schafft jene Vielfalt, die auch dem Biotop Schwimmteich zugute kommt.

Vier Wochen nach Baubeginn folgen die letzten Arbeiten: Die Feinplanie des Teichrandes.

Pflanzen

Zunächst ist es das Auge, das entscheidet: Blütenform, Farbe, eine interessante Wuchsform. Doch nicht nur Schönheit allein sollte die Wahl der Pflanzen beeinflussen. Gerade solche, die weniger attraktiv sind oder sogar unscheinbar wirken wie die Unterwasserpflanzen sind für Schwimmteiche wichtig. Spielen sie doch für eine gute Badewasserqualität eine entscheidende Rolle.

Planen vor dem Pflanzen

Farbenprächtige Pflanzenkombinationen schmücken jede Zone des Teichs.

Schwimmen inmitten einer blühenden, grünen Pflanzenkulisse, das ist für viele eines der Hauptargumente für einen Schwimmteich und gegen einen Pool. Abgesehen von gestalterischen Überlegungen, wie der großen Vielfalt an Blattformen und Grünschattierungen und der bunten Farbkleckse, sind Pflanzen für die Reinhaltung des Badewassers wichtig. Sie entnehmen einerseits über Wurzeln und vor allem über ihre Unterwasserblätter Nährstoffe. Andererseits – und das ist noch viel wichtiger – sorgen sie dafür, dass der Boden rund um ihre Wurzeln und Rhizome sowie das Wasser mit Sauerstoff angereichert werden und schaffen so auch für Bakterien ideale Lebensbedingungen. Diese kleinsten aller Lebewesen sind die Hauptakteure bei der Klärung des Wassers. Die richtige Bepflanzung ist somit eine der Grundlagen für klares Badewasser.

Nicht zuletzt bieten die Pflanzen Lebensraum für alle Tiere des Schwimmteiches mit Laichplätzen, Verstecken, Lauermöglichkeiten und Behausungen. Einmal gesetzt, wachsen Pflanzen ins tiefere Wasser hinein oder ans Ufer hinaus. Die Übergänge im Teich sind fließend.

TIPP **Nehmen Sie sich für die Planung der Bepflanzung genügend Zeit! Flüchtigkeitsfehler in dieser Phase rächen sich oft langfristig.**

Pflanzen und ihre Lebensräume

- **Sumpfpflanzen oder *Helophyten***
  Ihre Überdauerungsorgane liegen im Schlamm oder im feuchten Boden, die Blätter und Blüten stehen über dem Wasser. (z. B. Sumpfdotterblume)
- **Pflanzen mit Land- und Wasserformen oder *Amphiphyten***
  Sie sind gegenüber Wasserstandsschwankungen sehr flexibel. Bei niedrigem Wasser wachsen sie wie Helophyten, bei höherem Wasserstand (z. B. Überschwemmungen in der Natur) können sie aber auch reine Unterwasserblätter bilden und ganz untergetaucht überleben. Diese Anpassungsfähigkeit verschafft ihnen im Schwimmteich eine wichtige Zwischenstellung in der Flachwasserzone. (z. B. Pfeilkraut)
- **Wasserpflanzen oder *Hydrophyten***
  Ihr Element ist das Wasser, dem sie alle ihre Lebensabläufe angepasst haben. Nach ihrer Wuchsform kann man drei Gruppen unterscheiden:

  Schwimmblattpflanzen: am Grund verankert, lange Stiele bis zu den am Wasser liegenden Blättern (z. B. Seerose)

  Unterwasserpflanzen: untergetaucht lebend, mit Wurzeln am Grund verankert (z. B. Tausendblatt) oder frei im Wasser schwebend (z. B. Hornkraut)

  Schwimmpflanzen: frei im Wasser an der Oberfläche treibend (z. B. Wasserlinsen)

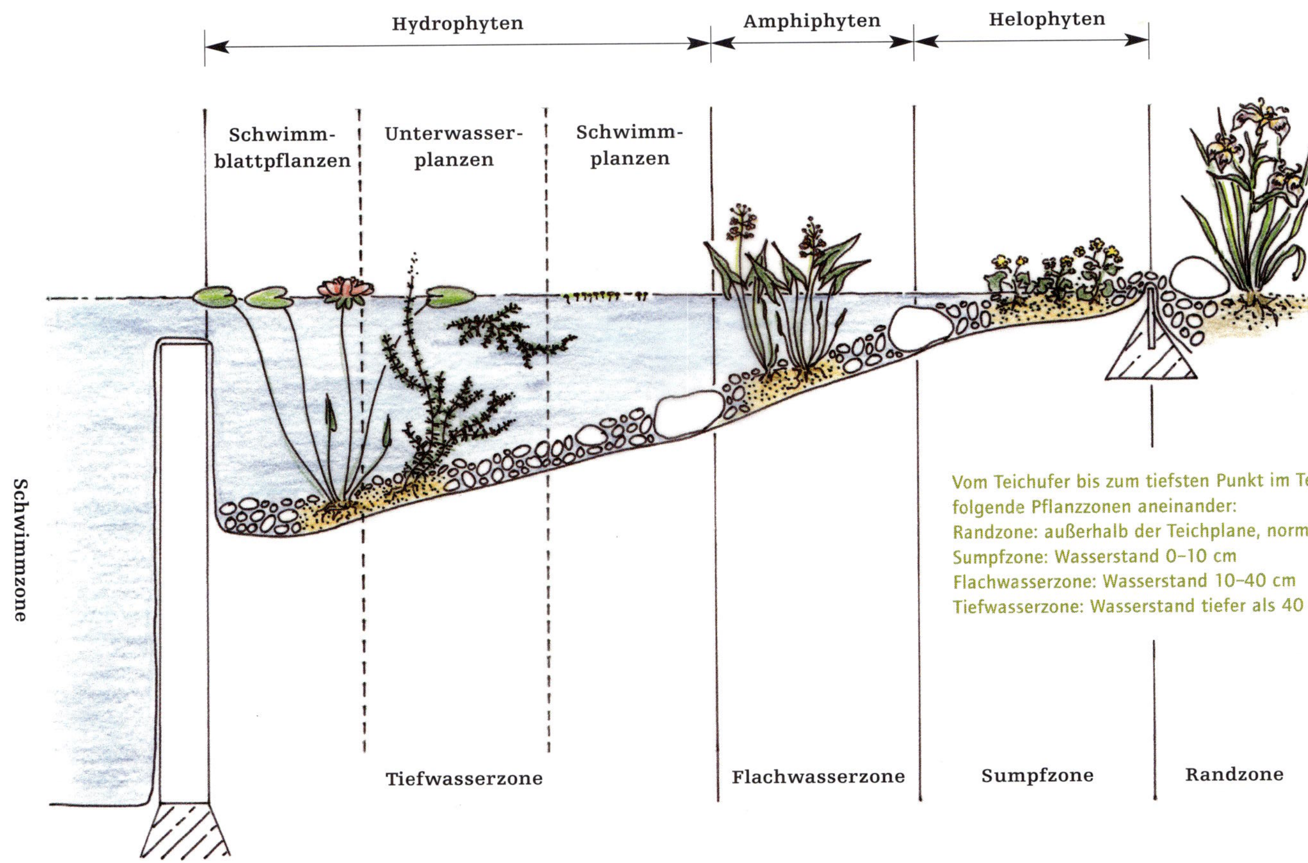

Vom Teichufer bis zum tiefsten Punkt im Teich reihen sich folgende Pflanzzonen aneinander:
Randzone: außerhalb der Teichplane, normaler Gartenboden
Sumpfzone: Wasserstand 0–10 cm
Flachwasserzone: Wasserstand 10–40 cm
Tiefwasserzone: Wasserstand tiefer als 40 cm

Einkaufstipps

- **Naturschutz** Pflanzen dürfen nicht aus der Natur entnommen werden! Viele Sumpf- und Wasserpflanzen stehen unter Schutz wie auch die Lebensräume, in denen sie wachsen: Auwälder, Niedermoore, Tümpel und andere Feuchtgebiete.
- **Skizze machen** Eine maßstabsgetreue Zeichnung mit den endgültigen Abmessungen und Wassertiefen ist vor dem Einkauf und beim Kalkulieren der Stückzahlen eine große Hilfe. Am besten ist es, zu Hause in aller Ruhe eine fertige Liste mit Pflanzen für alle Pflanzzonen zu erstellen.
- **Fachliche Beratung** Spezialbetriebe und gut geführte Gärtnereien und Gartencenter können gezielte Auskünfte geben oder auch Raritäten besorgen.
- **Pflanzsaison** Wasserpflanzen können von März bis November in den Teich gesetzt werden. Sie treiben später aus als Blütenstauden, daher muss man bei einem Einkauf im März oder April bedenken, dass von vielen Pflanzen noch gar nichts Grünes zu sehen ist. Es fällt dann schwer zu beurteilen, ob die Pflanzen gesund und gut entwickelt sind.
- **Qualität** Die Pflanzen sollten kräftig aussehen und gut durchwurzelt sein.
- **Kontrolle** Die Pflanzen müssen frei von Schädlingen und Krankheiten sein. Auch die Blattunterseiten anschauen! Im Zweifelsfall die Pflanzen austauschen.
- **Transport von Seerosen** Exemplare, die in seichtem Wasser gezogen wurden, überstehen mit ihren kürzeren Stielen den Transport leichter. Keine Sorge: Seerosen bilden bei höherem Wasserstand im Schwimmteich die neuen Blätter problemlos mit längeren Stielen aus.
- **Ausfälle** Ein Schwimmteich ist nie fertig. Nach dem Winter gibt es manchmal Verluste oder man will einfach mal was anderes ausprobieren. Altes ersetzen oder neues ansiedeln gehört auch dazu.

TIPP **Wenn die Pflanzen nicht sofort gesetzt werden, kann man sie auch längere Zeit lagern. Am besten stellt man sie im Halbschatten in Wannen, Tröge oder – im Idealfall – schon in den bereits eingelassenen Teich.**

Viele Tiere kommen mit den Wasserpflanzen in den neuen Teich wie dieser (harmlose) Schneckenlaich auf der Unterseite eines Seerosenblattes.

Was im normalen Gartenteich zu stark wächst, ist im Schwimmteich willkommen: Igelkolben bildet ein dichtes Uferröhricht aus.

Wucherer und Kümmerer

In manchen Schwimmteichen ist nicht das Überangebot an Nährstoffen das Problem. Bewusst geringe Substratauflagen und effektive Filtersysteme sorgen für eine regelrechte »Armut« im Wasser. Nährstoffzehrer wie die grazile Schwanenblume *(Butomus umbellatus)* oder der sonst so robuste Rohrkolben *(Typha angustifolia)* kümmern, werden blühfaul, beginnen zu kränkeln und verschwinden mitunter ganz. Hier empfehlen Firmen vorsichtige Düngung über das Wasser. Bei Seerosen haben sich als organischer Langzeitdünger Hornspäne bewährt, die beim Setzen am Fuß der Pflanze in das Substrat gedrückt werden. Gut ist auch eine erhöhte Durchströmung, denn bewegtes Wasser bringt immer wieder neue Nährstoffe an den Wurzelraum heran.

Nichts für den Schwimmteich

Keine gute Wahl im Schwimmteich sind extrem wuchernde, großflächige, Monokulturen bildende Wasser- und Sumpfpflanzen. Dazu gehört vor allem das Schilf *(Phragmites australis)* und der Breitblättrige Rohrkolben *(Typha latifolia)*. Ausgenommen sind externe Klärbecken, die in manchen Schwimmteichen die Reinigung des Teichwassers übernehmen oder unterstützen. Hier sind diese Wucherer mit ihrem verzweigten, weit reichenden Rhizomsystem genau die Richtigen.

Häufige Fehler bei der Bepflanzung

- **Zu wenige oder zu wenig verschiedene Unterwasserpflanzen:** besser mehrere verschiedene Arten ausprobieren.
- **Zu wenige oder zu viele Schwimmblattpflanzen:** Art und Anzahl müssen entsprechend ihrer Wüchsigkeit zur Größe des Schwimmteiches passen.
- **Bepflanzung der Flachwasser- und Uferzone zu wenig dicht:** das Anwachsen dauert zu lange.
- **Zu hohe Pflanzen am äußersten Rand der Sumpfzone:** niedrigere Pflanzen weiter hinten verschwinden.
- **Zu hohe, dominante Pflanzen neben dem Holzsteg oder Quellsteinen:** der Steg wird zur einsamen Insel statt zur sonnigen Beobachtungsplattform, die sprudelnden Findlinge kommen nicht zur Geltung.
- **Zu hohe oder zu stark wuchernde Arten neben Trittsteinwegen:** die Pflanzen überwuchern die Zwischenräume und machen das Gehen unmöglich.
- **Zu viele verschiedene Pflanzen durcheinander:** natürlicher wirkt es, mehrere Exemplare einer Art zusammenzusetzen und damit größere Bestände anzusiedeln. Schwächerwüchsige haben eine größere Chance sich durchzusetzen
- **Zu stark wachsende Sorten von Seerosen oder Seerosen in zu flachem oder zu tiefem Wasser:** sie produzieren ungeheure Blattmassen, sind aber blühfaul, daher die passende Sorte auswählen.

Sumpfzone

Mit den knallgelben Blüten der Sumpfdotterblume beginnt die Teichsaison schon im April.

Vom Folienrand, wo das Teichsubstrat nur feucht ist, bis zu einem Wasserstand von ungefähr 10 cm reicht dieser äußerste Pflanzgürtel. Einige Sumpfpflanzen können auch in normal trockenem Gartenboden wachsen und »wandern« daher über den Folienrand hinaus, andere tolerieren auch tiefere Wasserstände und breiten sich in Richtung Teichmitte aus. Da die Pflanzen im tieferen Wasser erst viel später austreiben, ist es die Sumpfzone, in der mit Primeln, Sumpfdotterblume und Vergissmeinnicht die ersten Frühjahrsboten des Teiches ihre bunten Blüten zeigen.

Sumpfblutauge: die geheimnisvoll rot-braune Farbe der Blüten macht den Charme dieser heimischen Rarität aus.

Der Blutweiderich bringt im blütenarmen Sommer Farbe in den Badeteich.

TIPP Höhen beachten.
Ein häufiger Fehler bei der Teichbepflanzung (wie im Übrigen auch bei Blumenbeeten) ist, dass zu hohe, zu starkwüchsige Pflanzen in den Vordergrund gesetzt werden. Sie verdecken die dahinter wachsenden kleineren, die dann oft verschwinden, weil sie der Konkurrenz um Licht und Platz nicht gewachsen sind.

Empfehlenswerte Pflanzen für die Sumpfzone

Deutscher Name	Lateinischer Name	Wuchshöhe	Wasserstand	Blütenfarbe	Blütezeit	Bemerkungen
Bachbunge	*Veronica beccabunga*	20 cm	0–10 cm	blau	5–9	treibt Ausläufer und bildet Samen, bleibt auch im Winter lange grün, Dauerblüher
Blutweiderich	*Lythrum salicaria*	80 cm	0–20 cm	purpur	7–8	wächst horstartig, wuchert nicht, wertvoller Sommerblüher, gedeiht auch außerhalb der Folie im normalen Gartenboden
Flatterbinse	*Juncus effusus*	60 cm	0–10 cm	braun	6–8	treibt Ausläufer, runder Stängelquerschnitt, lockerer Blütenstand
Pfennigkraut	*Lysimachia nummularia*	5 cm	0–10 cm	gelb	5–7	kriechend, kann auch unter Wasser und im normalen Gartenboden wachsen, verdeckt unschöne Stellen oder Folienränder
Rosenprimel	*Primula rosea*	15 cm	Sumpf	dunkelrosa	3–4	erster Frühjahrsblüher am Teich, langlebiger und robuster als andere Primelarten, schön neben Vergissmeinnicht und Sumpfdotterblume und an einem Bachlauf
Sumpfblutauge	*Potentilla palustris (=Comarum palustre)*	40 cm	0–10 cm	rotbraun	5–7	bevorzugt weiches kalkarmes Wasser, sonst werden Blätter chlorotisch gelb
Sumpfdotterblume	*Caltha palustris*	20 cm	0–10 cm	gelb	3–5	wächst horstartig, wuchert nicht, auch für Wasserläufe, schöner Frühjahrsblüher
Sumpffarn	*Thelypteris palustris*	50 cm	0–20 cm	–	6–8	treibt Ausläufer, wächst gut im Schatten, verträgt aber auch Sonne, schöner Kontrast zu blühenden Sumpfpflanzen
Sumpfgnadenkraut	*Gratiola officinalis*	30 cm	0–20 cm	weiß	6–8	Treibt Ausläufer, wächst Boden bedeckend, auch zwischen Röhrichtpflanzen
Sumpfvergissmeinnicht	*Myosotis palustris*	30 cm	0–10 cm	hellblau	5–9	kurzlebig, samt sich aber selbst aus, Rückschnitt nach Blüte bringt zweiten Flor bzw. Dauerblüte
Sumpfwolfsmilch	*Euphorbia palustris*	60 cm	0–10 cm	gelb-gelbgrün	5–6	wächst horstartig, wuchert nicht, leuchtend rote Herbstfärbung
Wasserminze	*Mentha aquatica*	50 cm	0–20 cm	lila	7–9	robust, wächst nicht kompakt, sondern locker durch Ausläufer, wuchert, Blätter duften angenehm
Wieseniris	*Iris sibirica*	80 cm	Sumpf	blau	5–6	wächst horstartig, wuchert nicht, auch für Feuchtwiese
Wiesensegge	*Carex nigra*	20 cm	0–10 cm	braunschwarz	4–6	treibt Ausläufer, im Gegensatz zu vielen anderen Seggen aber nicht wuchernd

Flachwasserzone

Die Übergänge im Schwimmteich sind fließend: der Kalmus hat alle Zonen erobert.

Zwischen sumpfigem Ufer und den ersten Seerosenblättern liegt der Unterwasserdschungel des flachen Wassers. Einige der hier wachsenden Pflanzen wie Pfeilkraut oder Froschlöffel können je nach Höhe des Wasserstandes Oberwasser- und Unterwasserblätter ausbilden. Sie sehen so unterschiedlich aus, als hätte man es mit zwei verschiedenen Arten zu tun. Diese amphibische Neigung, sowohl an der Luft als auch im Wasser leben zu können, haben sie mit den Lurchen gemeinsam, die hier in der Flachwasserzone ihren Laich ablegen. Sie wird auch als Röhrichtzone bezeichnet, weil viele der hier wachsenden Pflanzen »Rohre«, also gut belüftete bis ganz hohle Halme ausbilden: zum Beispiel der Rohrkolben oder der Igelkolben.

Igelkolben wird gerne verwendet, weil er robust ist und dichte Bestände bildet. Nach einigen Jahren tut ihnen eine kräftige Verjüngung gut.

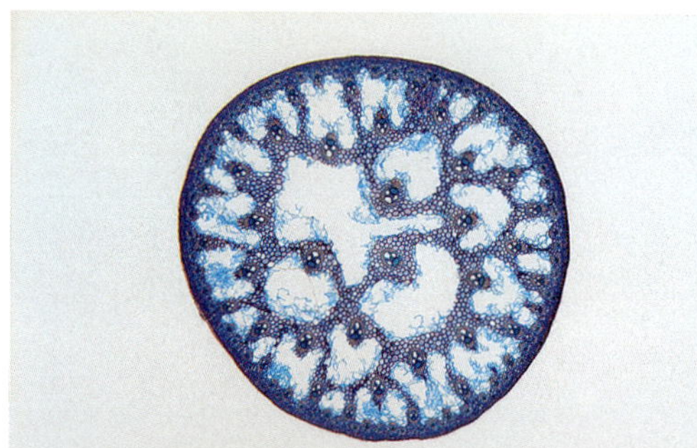

Gute Belüftung für klares Wasser

Im Wasser lebende Pflanzen haben hohle Halme oder Stängel mit eigenen »Luftgeweben« und breiten Luftkanälen. So leiten sie Sauerstoff bis in den Wurzelbereich, wo nicht nur die Pflanzenwurzeln selbst davon profitieren, sondern auch die Bakterien, die an ihnen leben. Diese bauen Pflanzenreste ab, machen Nährstoffe für das Pflanzenwachstum wieder verfügbar und spielen bei der Klärung des Wassers die eigentliche Hauptrolle.

Empfehlenswerte Pflanzen für die Flachwasserzone

Deutscher Name	Lateinischer Name	Wuchshöhe über Wasser	Wasserstand	Blütenfarbe	Blütezeit	Bemerkungen
Fieberklee	*Menyanthes trifoliata*	20 cm	5–20 cm	weißrosa	6–7	treibt schwimmende Ausläufer, wächst vom Rand ins tiefere Wasser hinein, daher anfangs in flaches Wasser setzen, kann wuchern, aber relativ leicht zu dezimieren
Froschlöffel	*Alisma plantago-aquatica*	70 cm	10–30 cm	weiß	6–8	horstartiger Wuchs, knolliges Speicherrhizom, breitet sich durch Samen stark aus, Blütenstände vor der Samenreife schneiden
(Ästiger) Igelkolben	*Sparganium erectum*	150 cm	10–30 cm	grünlich	7–8	treibt Ausläufer, starkwüchsig, Fruchtstände wie ein zusammengerollter Igel
Kalmus	*Acorus calamus*	90 cm	0–30 cm	weißer Kolben	6–7	treibt Ausläufer, starkwüchsig, knolliges Speicherrhizom, das stark aromatisch duftet
Pfeilkraut	*Sagittaria sagittifolia*	40 cm	10–30 cm	weiß	6–7	treibt Ausläufer, starkwüchsig, dekorative, pfeilförmige Blätter
Kleiner Rohrkolben	*Typha minima*	70 cm	0–30 cm	– (braun)	6–7	treibt Ausläufer, wuchert im Gegensatz zu anderen Rohrkolben-Arten nicht, kleine rundliche Kolben
Schmalblättriger Rohrkolben	*Typha angustifolia*	200 cm	0–50 cm	– (braun)	6–7	treibt Ausläufer, starkwüchsig, Pflanzbereich eingrenzen, lange schmale Kolben
Schwanenblume	*Butomus umbellatus*	80 cm	20–30 cm	rosa	6–8	Rhizom kriecht, wuchert aber nicht, sehr schöne Pflanze, aber nicht überall ganz einfach anzusiedeln (oft kurzlebig), blühfaul bei Nährstoffmangel
Steife Segge	*Carex elata*	90 cm	0–40 cm	grün-braun	4–5	wächst horstartig, versamt sich manchmal stark (ev. Samenstände schon im Mai vor der Reife abschneiden)
Strauß-Gilbweiderich	*Lysimachia thyrsiflora*	40 cm	0–20 cm	gelb	5–7	treibt Ausläufer, kann wuchern, aber vergleichsweise leicht zu dezimieren
Sumpfschwertlilie	*Iris pseudacorus*	100 cm	0–20 cm	gelb	5–6	wächst horstartig, starkwüchsig, festes Speicherrhizom ist nur mühsam zu verkleinern, daher Pflanzbereich eingrenzen
Tannenwedel	*Hippuris vulgaris*	30 cm	10–40 cm	unscheinbar	7–8	treibt Ausläufer, wächst auch ganz unter Wasser weiter, kann nach mehreren Jahren zu wuchern beginnen
Teichsimse	*Scirpus lacustris*	200 cm	ab 30 cm	braun	7–9	treibt Ausläufer, starkwüchsig, Rhizom sehr hart und zäh, Pflanzbereich eingrenzen, wächst auch in Tiefen über 2 m, nur in großen Schwimmteichen ab ca. 200 m^2 verwenden

Tiefwasserzone

Seerosen: Achten Sie beim Kauf auf die passende Sorte für den beabsichtigten Standort im Schwimmteich.

Schwimmblattpflanzen

Geht es in Tiefen von 40 cm und mehr hinab, beginnt das Reich der schaukelnden Blätter und Blüten. Seerosen und andere Schwimmblattpflanzen wurzeln im Boden, halten aber zu ihren Blättern und Blüten durch lange, elastische Stiele eine gut durchlüftete Verbindung aufrecht.
Passende Wuchsstärke und Wassertiefe bedeuten, dass die Pflanzen ihre wichtige Funktion im Schwimmteich optimal erfüllen können: die Beschattung des Teichwassers durch ihre Schwimmblätter. Sie ist genau dann am größten, wenn es am meisten gebraucht wird: im Hochsommer spenden Schwimmblattpflanzen Schatten, senken die Wassertemperatur um einige Grade und helfen so mit das Algenwachstum einzudämmen. Wie immer geht es ums Gleichgewicht: zuviel Schatten schränkt auch das Wachstum der Algengegenspieler Unterwasserpflanzen ein.

Rhizomsperre für die Teichrose

Die gelbe Teichrose und die ebenfalls heimische, weiße Seerose sind bei NaturgärtnerInnen sehr begehrt. Sie wachsen aber so kräftig, dass schon nach wenigen Jahren klar wird: eigentlich war der Schwimmteich zu klein für diese Kraftbündel. Nicht nur die Ausbreitung des bis zu armdicken Rhizoms am Teichgrund allein ist ein Problem, sondern vor allem die ungeheure Blattmasse, die sich da im wahrsten Sinne des Wortes im Schwimmteich auftürmt.

Eine erprobte Möglichkeit – in großen Schwimmteichen – ist, die Rhizome in Betonringe (auf Vlieslage zum Schutz der Plane) zu setzen. Diese sind stark und schwer genug, ihre Wuchskraft wirksam zu begrenzen. Allerdings bieten sie nach den ersten Jahren oft zu wenig Nährstoffe, was paradoxerweise dazu führen kann, dass die Starkzehrer hungern und Mangelsymptome wie gelbe Blätter und Anfälligkeit für Krankheiten und Schädlinge zeigen. Der Ausweg: Gezielte Düngung der kümmernden Pflanzen.

Die Seekanne *(Nymphoides peltata)* ist eine attraktive Alternative zu Seerosen.

Empfehlenswerte Schwimmblattpflanzen

Deutscher Name	Lateinischer Name	Wasserstand	Blütenfarbe	Blütezeit	Bemerkungen
Froschbiss	*Hydrocharis morsus-ranae*	–	weiß	6–8	schwimmt frei, bildet Tochterrosetten, aber leicht abzufischen
Froschkraut	*Luronium natans*	20–40 cm	weiß	6–9	verwurzelt, schwimmende Rosetten, verträgt Konkurrenz durch andere Schwimmblattpflanzen und Fadenalgen schlecht, daher in eigenen (seichteren) Bereich pflanzen
Schwimmender Hahnenfuß	*Ranunculus aquatilis*	30–70 cm	weiß	6–9	verwurzelt, aber relativ leicht zu dezimieren, hat zerschlitzte Unterwasserblätter und an den Enden der langen Triebe kleine, dreiteilige Schwimmblätter, liebt ein wenig Wasserbewegung (Quellsteinnähe!)
Seekanne	*Nymphoides peltata*	20–80 cm	gelb	6–9	verwurzelt, teilweise kriechende, teilweise schwimmende, meterlange dünne Ausläufer, wuchert, aber leicht zu dezimieren
Seerose	*Nymphaea-Hybriden*	verschieden	weiß, rosa, rot, gelb	6–8	dickes Speicherrhizom am Grund, große Vielfalt, passende Sorte (Wuchskraft, Farbe, Wasserstand) aussuchen
Weiße Seerose	*Nymphaea alba*	ab 70 cm	weiß	6–8	dickes Speicherrhizom am Grund, starkwüchsig, duftend, hat weniger und kleinere Blüten als die Züchtungen, nur in großen Schwimmteichen ab 200 m^2 verwenden

Schwimmender Hahnenfuß
(Ranculus aquatilis)

Schwimmende Pflanzen und Unterwasserpflanzen

Die Tiefwasserzone, in der die Seerosen wurzeln, ist auch das Reich der an der Oberfläche treibenden und der untergetaucht lebenden Gewächse. Manche der Unterwasserpflanzen kommen vollkommen ohne Wurzeln aus, andere sind ständig oder zumindest zeitweise am Teichgrund verankert.

Wichtige Algengegenspieler Vor allem die Unterwasserpflanzen sind es, die für die Reinigung des Wassers unentbehrlich sind. Ihr Beitrag für eine gute Wasserqualität ist vielschichtig. Die Aufnahme von Nährstoffen aus dem Wasser ist da nur ein Aspekt. Sie verändern durch ihren Stoffwechsel auch die Wasserchemie, beeinflussen die Wasserhärte und machen so den Algen ihren Lebensraum nicht nur physisch, sondern auch chemisch streitig.

TIPP **Es hat sich bewährt, mehrere verschiedene Unterwasserpflanzen einzusetzen und zu beobachten, welcher von ihnen die Bedingungen im Teich behagen.**

Kohlenstoffaufnahme Unterwasserpflanzen reagieren am sensibelsten auf die Qualität des Wassers. Entscheidender Faktor bei ihrer Etablierung im Teich ist der Kohlenstoff. Landpflanzen nehmen ihn aus der Luft in Form von Kohlendioxid auf. Für reine Wasserpflanzen *(Hydrophyten)* ist das ein wenig komplizierter: in welcher Form und in welcher Menge der Kohlenstoff vorliegt, hängt von der Wasserhärte ab und beeinflusst das mögliche Artenspektrum. Es lässt sich nicht so einfach voraussagen, welche Arten sich im Schwimmteich behaupten werden. Hornkräuter *(Ceratophyllum-Arten)* sind wegen ihrer größeren Toleranz bei der Kohlenstoffaufnahme in den meisten Teichen ein guter Tipp, die Wasserfeder *(Hottonia palustris)* ist dagegen schwierig und nur in weichem Wasser anzusiedeln. Viele Arten siedeln sich aber wie durch Zauberhand einfach von alleine an.

Wasserpest

Kaum eine Unterwasserpflanze ist so effektiv wie die aus Kanada eingeschleppte *Elodea canadensis*, die Wasserpest. Sie hält sich in fast jedem Teich und ist ein toller Sauerstoffproduzent. Gegen ihre Verwendung im Naturgarten spricht aber vor allem eine Tatsache: sie gilt unter den *Neophyten* (=gebietsfremde Pflanzenarten) als besonders invasiv und verdrängt, wenn sie in natürliche Gewässer gelangt, einheimische Arten. Auch im Schwimmteich kann sie anderen Pflanzen bis hin zu schwachwüchsigen Seerosen ganz schön zusetzen. Eine ebenso effiziente und anspruchslose Unterwasseralternative sind die heimischen Hornkräuter (*Ceratophyllum*-Arten).

Empfehlenswerte Unterwasserpflanzen und Schwimmpflanzen

Deutscher Name	Lateinischer Name	Wasserstand	Blütenfarbe (wenn über Wasser)	Blütezeit	Bemerkungen
Ähren-Tausendblatt	*Myriophyllum spicatum*	ab 30 cm	rosa (klein)	6–9	verwurzelt, Blüten unscheinbar, mit Stein beschwert am Boden verankern, wächst auch in hartem Wasser
Hornkraut	*Ceratophyllum demersum*	ab 50 cm	–	–	frei schwebend im Wasser, lässt sich leicht abfischen, wächst auch in hartem Wasser
Zartes Hornkraut	*Ceratophyllum submersum*	ab 50 cm	–	–	frei schwebend im Wasser, lässt sich leicht abfischen, feineres Laub, wächst auch in hartem Wasser
Kamm-Laichkraut	*Potamogeton pectinatus*	ab 50 cm	–	6–8	verwurzelt, meterlange, stark verzweigte Triebe, kann wuchern, nadelförmige dünne Unterwasserblätter
Krebsschere	*Stratiotes aloides*	–	weiß	5–6	Rosette überwintert am Grund und steigt im Frühling wieder auf, bildet reichlich Tochterrosetten, leicht abzufischen
Nadelsimse	*Eleocharis acicularis*	0–50 cm	braun	6–7	wächst als Boden deckender »Rasen« am schlammigen Grund, kann aber auch in die Sumpfzone ohne Wasserüberstand wachsen
Quirl-Tausendblatt	*Myriophyllum verticillatum*	ab 30 cm	rosa (klein)	6–9	verwurzelt, Blüten unscheinbar, mit Stein beschwert am Boden verankern, wächst auch in hartem Wasser
Wasserfeder	*Hottonia palustris*	20–60 cm	rosa	6	verwurzelt, schöne, große Blütenstände über dem Wasser, wächst nur in weichem Wasser, langsam wachsend
Wasserlinsen	*Lemna trisulca* und andere Arten	–	–	–	Nährstoffzeiger, immer wieder abfischen, siedelt sich meist von selbst an
Wasserschlauch	*Utricularia vulgaris*	ab 50 cm	gelb	6–8	frei schwimmend, Eiweiß verdauend (»Fleisch fressend«) durch Blasenfallen an den Trieben, verträgt Konkurrenz durch Algen oder andere Unterwasserpflanzen schlecht, nur für weiches Wasser

Die bizarren Krebsscheren vermehren sich durch [T]ochterrosetten, die einfach aus dem Wasser genommen werden, wenn sie einmal zu viele geworden sind.

Rundumgestaltung

Taglilien passen wunderbar zum Wasser, ihre Wurzeln wachsen aber im normalen Gartenboden.

Der Folienrand stellt eine scharfe Trennlinie dar: außerhalb ist es dank der Kapillarsperre so trocken wie im übrigen Garten auch. Hierher passen normale Gartenstauden, die durch ihren üppigen Wuchs optisch an die Wasserpflanzengesellschaft anschließen können und einen fließenden Übergang schaffen, der den Schwimmteich in den übrigen Garten harmonisch einbettet.

Links feucht, rechts trocken, und dazwischen sorgt die Kapillarsperre dafür, dass das auch so bleibt.

STAUDEN ~ Die Auswahl an Gartenstauden für den trockenen Ufersaum ist riesig, erlaubt ist, was gefällt und was den Bedingungen im Garten gewachsen scheint: Sonne oder Halbschatten, viel Regen oder sehr lange, trockene Perioden, Schneedecke oder Barfröste im Winter und vieles mehr. Wir haben einige Arten ausgewählt, die unserer Erfahrung nach durch ihren Charakter und ihren Habitus sehr gut zu einem Schwimmteich passen (siehe Tabelle).

STRÄUCHER ~ An die Stauden schließen die Gehölze an. Ein Schwimmteich wirkt sehr natürlich, wenn er an einer oder an mehreren Seiten von Sträuchern gesäumt ist. Sträucher am Schwimmteich haben viele Vorteile:

- Sie bieten Sicht- und Windschutz während der Badesaison und unterteilen den Garten in verschiedene Nutzungsbereiche: ruhigere Sitzecke, turbulenter Schwimmteich, geliebter Gemüsegarten
- Sie schaffen Ruhezonen im Schwimmteich: das Wasser kann bei einem dichten Strauchgürtel nicht auf allen Seiten erreicht oder verlassen werden.
- Laubfrösche ruhen tagsüber auf Sträuchern und jagen hier auch ihre Beute: Insekten und Spinnen. Sie legen aber wie alle Frösche, Kröten und Unken ihre Eier im Wasser ab. Sonnige Schwimmteiche mit ausreichend Laubgehölzen in der Nähe kommen der Lebensweise dieses hübschen, nützlichen Frosches daher sehr entgegen.
- Einen Sitzplatz oder eine Bank am Teich finden viele Menschen gemütlicher, wenn im Rücken Sträucher »Schutz« bieten.

Empfehlenswerte Stauden für die Randzone

Deutscher Name	Lateinischer Name	mittlere Höhe	Blütenfarbe	Blütezeit	Bemerkungen
Blaublatt-Funkie	*Hosta sieboldiana*	70 cm	blasslila	7	große, blaugrüne Blätter
Felberich	*Lysimachia punctata*	80 cm	gelb	7–8	starker Ausbreitungsdrang durch Ausläufer, kann wuchern
Frauenmantel	*Alchemilla vulgaris*	30 cm	gelbgrün	6–8	anspruchslos, gedeiht auch im Schatten
Kriechender Günsel	*Ajuga reptans*	20 cm	blau	4–5	vermehrt sich rasch durch Ausläufer, Bodendecker
Kerzen-ehrenpreis	*Veronica longifolia*	80 cm	blau	7–8	langlebig, schöne schmale Blütenstände
Mädesüß	*Filipedula ulmaria*	10 cm	weiß	6–7	passt gut zu Blutweiderich, liebt feuchten Boden, neigt zum Umfallen
Pfeifengras	*Molinia arundinacea*	200 cm	Ährchen braun	7–10	liebt feuchteren Boden, stattliches, Horst bildendes Gras, goldgelbe Herbstfärbung
Pracht-Storchschnabel	*Geranium x magnificum*	50 cm	blau	6–7	liebt sonnige Lagen, auch für größere Flächen geeignet
Weiße Schafgarbe	*Achillea ptarmica*	50 cm	weiß	6–9	liebt feuchteren Boden, lange Blütezeit
Schildfarn	*Polystichum aculeatum*	80 cm	–	–	Wedel doppelt gefiedert, toller Austrieb
Taglilie	*Hemerocallis-Hybriden*	40–100 cm	viele Farben	6–8	langlebig, robust, unermüdlicher Dauerblüher im Sommer, schöner Blattschopf, viele Sorten
Wasserdost	*Eupatorium cannabium*	140 cm	rosa	7–9	später Austrieb, langlebig, robust, versamt sich stark
Wurmfarn	*Dryopteris filix-mas*	80 cm	–	–	robuster, heimischer Farn, anspruchslos, bleibt lange grün

Als wäre er immer schon da gewesen: Ein Schwimmteich, der durch die Randbepflanzung mit Stauden und Gehölzen perfekt in den Garten integriert ist.

Tiere

In unglaublich kurzer Zeit finden sich im frisch befüllten Schwimmteich alle möglichen Tiere ein, zuerst die mikroskopisch kleinen, dann auch die krötengroßen. Wasser ist Verlockung für alles, was kreucht, fleucht, schwebt und schwimmt. Das Quaken, Summen und Surren ist die lebendigste Wassermusik, die akustische Kulisse des grünen Dschungels.

Es ist eingelassen!

Ein Kompliment für den Schwimmteich: die harmlose Ringelnatter schlängelt sich elegant durchs Wasser.

Wasser bleibt nicht lange unbesiedelt. Kaum ist es da, beginnt das große Spiel vom Fressen und Gefressenwerden. Es ist faszinierend, wie dynamisch der Lebensraum Schwimmteich ist, schon nach kurzer Zeit tummeln sich Tiere in großer Vielfalt. Nicht immer ist die Veränderung mit freiem Auge zu sehen, aber unter dem Mikroskop wird klar: Wasser hat eine magische Anziehungskraft!

Pro Beimpfung Viele schwören darauf, in den frisch befüllten Schwimmteich gehört eine Grundimpfung: ein bis mehrere Kübel Wasser aus einem älteren, stabilen und gut eingespielten Teich. Biologische Prozesse kommen schneller in Gang, wichtige Filtrierer sind vom Start weg dabei, Anfangsprobleme mit Algenblüten und grünen Suppen können durch diese kleine Starthilfe im besten Fall umgangen oder doch deutlich verkürzt werden.

Contra Beimpfung Die Gegenmeinung lautet: bloß nicht zu viel eingreifen und der Natur die Regie überlassen. Ein richtig gebauter Teich kann auch ohne Beimpfung leben, anfängliche Schwierigkeiten sind ganz normal und nur als Übergangsstadium und nicht als Problem zu betrachten. Die Zugabe von fremdem Wasser bedeutet streng genommen schon eine Weichenstellung in eine bestimmte Richtung. Es lässt sich nicht mehr vergleichen, wie sich der Schwimmteich ohne diese Beeinflussung entwickelt hätte. In seltenen Fällen handelt man sich möglicherweise auch Organismen ein, die man hinterher vergeblich versucht wieder loszuwerden. Das können winzige Fischeier oder kleine, abgerissene Teile von wuchernden Unterwasserpflanzen wie der Wasserpest sein.

Die Umgebung zählt Es kommt ein wenig auf die Umgebung an, ob und in welchem Tempo sich die Neubesiedler einstellen. Viele im Wasser wohnende Insekten haben ihre Flugfähigkeit nicht eingebüßt und können über die Luft neue Lebensräume erschließen. Frösche und Kröten hüpfen herbei, Molche wandern zu. Grundsätzlich gilt: je mehr Teiche oder natürliche Feuchtgebiete außerhalb des Zaunes, desto größer ist die Chance, viele interessante Tiere bald im eigenen Garten sichten zu können.

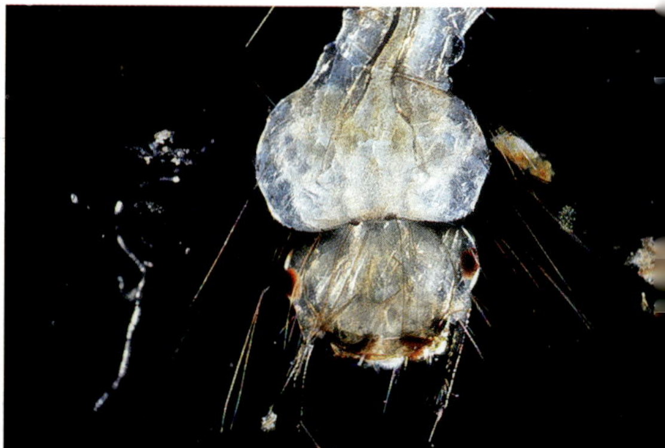

Gelsenlarve unter dem Mikroskop

Amphibien, Insekten & Co.

Erdkröten sind die am häufigsten vorkommende Krötenart in Gärten. Viel seltener sieht man Wechsel-, Knoblauch- oder Kreuzkröte.

Finden Amphibien rund um den Teich auch genügend Plätze zum Verstecken, Übernachten oder (bei nachtaktiven) zum Übertagen und einen reich gedeckten Tisch vor, dann wird man sie vermutlich öfter zu Gesicht bekommen. Laubfrösche, Molche und Kröten überwintern an Land. Liegengelassenes Laub, Totholz-Haufen, kleine Höhlen oder Zwischenräume in Mauern, hohle Baumstämme und blütenreiche, vielfältige Bepflanzung machen den Naturgarten zu einer dauernden Bleibe für viele Arten von Amphibien. Darüber können sich NaturgärtnerInnen nur freuen: auf dem Speisezettel der Erdkröte stehen zum Beispiel Würmer, Insekten und ganz oben die Schnecken, unter denen sie die Nacktschnecken ganz besonders liebt.

Überwintern im Schwimmteich

Erwachsene Teichfrösche und gelegentlich auch Grasfrösche überwintern in der Regel problemlos im Schwimmteich. Die Tiere gehen in einen Ruhezustand mit verringertem Stoffwechsel über und atmen durch die Haut. Bei neu angelegten Teichen kann es in strengen Wintern mit langer Eisdecke zu Problemen kommen, denn die Sauerstoff produzierenden Unterwasserpflanzen sind noch nicht genug entwickelt. Auch eine andauernde, dicke Schneedecke auf dem Eis kann Schwierigkeiten verursachen: Es dringt zu wenig Licht ins Wasser vor, wintergrüne Arten können nicht assimilieren und produzieren daher kaum Sauerstoff oder sterben sogar ab.

Gelsen

Hat sich ein stabiles ökologisches Gleichgewicht im Schwimmteich eingependelt, sind die lästigen Blutsauger nicht zu befürchten. Erblickt man Gelsenlarven im Schwimmteich, ist das sogar eine grundsätzlich positive Sache: Als effiziente Filtrierer holen sie große Mengen an Schwebstoffen, Einzellern und Algen aus dem Wasser. Und für viele Wassertiere sind sie eine wichtige Nahrungsquelle: Libellenlarven, Gelbrandkäfer- und andere Schwimmkäferlarven. Die Feinde der Gelsenlarven sind so zahlreich, dass kaum eine von ihnen das Erwachsenenalter erreicht, von einer Massenvermehrung im Schwimmteich kann daher nicht die Rede sein. Meist stammen Stechmücken aus vergessenen Kübeln, nicht abgedeckten Regentonnen oder lange stehenden Wasserpfützen. Hier fehlen Fressfeinde und dem Wasser entsteigen wenige Wochen später Schwärme von erwachsenen Plagegeistern.

Rückenschwimmer transportieren stets einen Vorrat an Atemluft auf ihrer Unterseite.

Forschungsstation Teich

Ist ein Teich einmal aus dem Gröbsten heraus, haben sich viele Insekten und ihre Larven niedergelassen. Sie haben so geniale wie unterschiedliche Methoden entwickelt, mit den Herausforderungen des Wassers zu leben: lange Atemrohre, kunstvolle Tauchglocken, ausfahrbare Fangmasken oder beeindruckende Ruderbeine. Sie zu fangen und zu beobachten ist eine spannende Beschäftigung, vor allem auch mit Kindern.

Was man braucht, sind grüne Aquariennetze, weiße flache Plastikgefäße mit Wasser aus dem Teich, eine Lupe oder Becherlupe und ein Bestimmungsbuch mit Hintergrundinformationen über die Lebensweise der Tiere. Einfach Insekten im flachen Wasser fangen, aus dem Netz in die »Mini-Aquarien« geben und darin beobachten. Nicht vergessen: die Insekten danach vorsichtig wieder in den Teich entlassen.

Ungebetene Gäste Die aus Nordamerika eingeschleppten Bisamratten fressen vorwiegend Pflanzen, verschmähen daneben aber auch Frösche, kleinere Fische und Süßwassermuscheln nicht. In Gärten sind die Nager gegenwärtig kein großes Problem, der Schaden im Schwimmteich kann aber, wenn sie einmal da sind, enorm sein, weil die Tiere recht wählerisch sind und bedeutend mehr abnagen als sie fressen. Abgesehen davon ist es auch schon vorgekommen, dass Bisamratten die Abdichtungsplanen durchgenagt haben. Die Nager verstecken sich auch gerne unter Holzstegen, wo sie aus Mangel an sonstigen Grabmöglichkeiten ihre Nester anlegen. Natürliche Feinde wie Fuchs, Iltis, Uhu, Graureiher oder andere größere Wasservögel fallen in den meisten Gärten als Helfer in der Not leider aus. Da hilft nur, die Bisamratten selbst konsequent zu verjagen.

Larve einer Großlibelle von unten: schön zu sehen ist die im Ruhezustand zusammengeklappte Fangmaske unter Kopf und Brust.

Fische

Viele Rote Zuckmückenlarven sind ein sicherer Hinweis auf Sauerstoffengpässe im Schwimmteich.

Fische wandern in einen neu gebauten Teich naturgemäß nicht von selbst ein. Das spricht im Naturgarten eigentlich schon dafür, sie nicht bewusst einzusetzen. Wer durch Wasservögel oder Wasserpflanzen ungewollt Fischlaich aus einem anderen Teich eingeschleppt bekommt, merkt früher oder später den zweiten Grund, der gegen das Einsetzen von Fischen im Schwimmteich spricht: Man kann sie nicht einfach wieder herausholen. Alle abzufangen ist fast nicht möglich und den Teich auszulassen bedeutet für das gesamte Teichleben eine Katastrophe. Manche Fische wie der Schlammpeitzger überleben Trockenperioden tagelang vergraben im Schlamm und tummeln sich nach dem Einlassen genauso munter wie zuvor.

Vor allem die beliebten Goldfische und die interessant gefärbten, japanischen Kois belasten mit ihren Exkrementen und durch das Aufwühlen des Bodenschlammes (»grundeln«) das Wasser so sehr, dass es trüb und schließlich grün wird. Filteranlagen für den »Goldfischteich« sind aber ebenso wenig mit der Philosophie eines Naturgartens zu vereinbaren wie das Füttern von Fischen, das zusätzliche Nährstoffe im ohnehin belasteten Teichwasser bedeutet. Viele Fischarten sorgen außerdem unter den Kleintieren für einen regelrechten »Kahlschlag«, besonders natürlich dann, wenn zu viele Individuen auf zu engem Raum leben. Neben Insektenlarven fallen ihnen Laich und die jungen Kaulquappen zum Opfer.

Badedermatitis

In den letzten Jahren gab es vereinzelt Grund zur Aufregung: Vor allem Kinder bekamen nach dem Baden in naturnahen Gewässern einen juckenden, roten Ausschlag. Die »Entenwurmkrankheit« ist in Österreich aber weder neu, noch ist sie auf unser Land beschränkt. Der Mensch ist nur ein sogenannter Fehlwirt, dessen Haut irrtümlicherweise statt der Enten befallen wird. Abgesehen von eventuellen, aber seltenen Folgekomplikationen wie Sekundärinfektionen ist die Badedermatitis harmlos.

TIPP **Entenkot bringt viele Probleme mit sich, daher sollte man die Vögel verjagen, sobald sie sich am Schwimmteich zeigen.**

Raffinessen

Nicht nur Libellen fliegen auf Schwimmteiche: kaum ist er gegraben und befüllt, entwickelt sich die neu entstandene »Wasserpfütze« zum Zentrum des Gartens und zum unschlagbaren Abenteuerspielplatz für Kinder. Denn er bietet mehr als nur eine Möglichkeit zum Baden: Sprungtürme, Wasserrutschen, Uferpfade oder Sitzplätze mit offenen Feuerstellen machen den Teich erst zum Landeplatz für Robinson Crusoe und Captain Jack Sparrow.

Stege

Ein leichter Knick in der Konstruktion verleiht diesem Steg Eleganz.

Um einen Schwimmteich nutzen zu können, muss ein Steg vom Ufer zum Schwimmbereich führen. Einerseits schafft die verbaute Stegfläche oft den einzig möglichen Zugang zum dicht bewachsenen Ufergürtel, andererseits sollte der sensible Regenerationsbereich nicht durch Tritte gestört werden. Am Bauch liegend in der Sonne faulenzen oder im Liegestuhl Zeitung lesen, Handtücher zum Trocknen ausbreiten, den Kindern beim Spielen zusehen – je nach voraussichtlicher Nutzung wird der Holzsteg beim Schwimmteich großzügig bemessen oder gerade groß genug sein, um vom Ufer bequem ins Wasser zu gelangen. Um nicht zu viel wertvolle Wasserfläche zu verbauen, sollte vor allem der Bereich außerhalb des Teiches für den Steg genützt werden.

SCHWUNGVOLLER ZUGANG ❀ Holz ist ein weiches und warmes Material und lässt sich gut bearbeiten. Runde, geschwungene oder unregelmäßige Grundformen sind in der technischen Ausführung nur mit ein wenig Mehraufwand verbunden. Leichte Gefälle am Ufer bieten die Möglichkeit, zwei oder mehrere Plateaus anzulegen. Gibt es einen architektonischen Anhaltspunkt in unmittelbarer Nähe des Schwimmteiches wie etwa der geschwungene Verlauf einer Hausmauer, kann die Stegkante parallel dazu laufen. Das Holzdeck fügt sich nahtlos in das Gesamtbild ein.

AUSUFERN UND EINGRENZEN ❀ Die offene Wasserfläche sollte zur Stegfläche in einem ausgewogenen Verhältnis stehen. An einem kleinen Teich wirkt ein als Holzsteg konzipierter großer Sitzplatz erdrückend, eine Lösung außerhalb des Teiches wäre besser. Kinder benützen Stege gerne, um sich mit kunstvollen Randsprüngen ins Wasser zu katapultieren. Daher sollte ein vor dem Steg geplanter Stehbereich in der Schwimmzone schmal bemessen werden, um Verletzungen vorzubeugen. Eine abgeschrägte Holzleiter mit Handlauf oder eine Treppe aus Blockstufen sorgen für einen bequemen Einstieg in den Schwimmteich.

Will man eine sonnseitige Stegfläche auch als Sitzmöglichkeit nutzen, sollte man sich auch gleich um einen geeigneten Sonnenschutz umsehen. Pergolen aus demselben Holz, mit Schlingpflanzen bewachsen, Sonnenschirme oder Sonnensegel sind hübsche Alternativen zum Schatten kleinkroniger Bäume. Kunstvoll gespannte Sonnensegel sind besonders auf schiffsdeckähnlichen Holzstegen eine pfiffige und originelle Lösung.

MEHR ALS NUR EINE PLATTFORM ❀ Der Steg ist nicht nur ein gestalterisches Element am Teich und eine Plattform für Sonnenanbeter. Er kann auch zum Sammelplatz für Abenteuerlustige mutieren und zum Ausgangspunkt für spannende Expeditionen werden. Ein simples schwimmendes Floß, zusammengezimmert aus den übrig gebliebenen Resten der Stegbretter und luftgefüllten Regenwassertonnen macht das Holzplateau zur Anlegestelle und den Floßfahrer zum

Fährmann. Die schwimmende Plattform kann auch als kleine Insel benützt werden. Wenn es die Größe des Teiches zulässt, so spricht auch nichts gegen ein kleines Hausboot, dass mit allen nur erdenklichen Raffinessen ausgestattet werden kann. Vom Strom aus Solarzellen, einem geregelten Flaschenpostverkehr bis zum kleinen schwimmenden Gärtchen mit Blumen ist alles möglich. Auch gegen eine Kombination von Baumhaus in luftiger Höhe und Schwimmteich zu ebener Erde ist nichts einzuwenden. Hat man die Möglichkeit ein altes, fahruntaugliches Holzboot zu ergattern, so kann es als Spielboot für immer am Ufer vor Anker gehen.

Raffinierte Pflanzinseln ❀ Aussparungen in der Stegfläche im Flachwasser- oder Sumpfbereich lassen sich sehr schön mit Blumenbinsen *(Butomus umbellatus)*, Blutweiderich *(Lythrum salicaria)* oder anderen, über den Sommer dauerhaft zierenden Sumpfpflanzen begrünen. Aber auch außerhalb des Teiches »im Trockenen« ermöglichen aus dem Steg geschnittene Beete einen gestalterischen Clou: Gräser oder Blütenstauden durchwachsen scheinbar den Steg. Schwimmteich, Ufer und der umliegende Garten sind noch enger miteinander verbunden.

Tipp **Unter den Steg-Brettern können technische Einbauten wie Skimmer oder Filterelement versteckt werden. Dafür sollte der Schacht nicht zu klein bemessen sein, da die meisten Pumpen im Herbst ausgebaut und frostsicher verwahrt werden müssen. Ein einfacher, aus dem Steg gesägter Deckel mit Lochgriff ermöglicht den raschen Zugang.**

Das alles kann ein Steg sein: ein Ort zum Energietanken, ein Umschlagplatz für Kieselsteinsammler und die Absprungbasis in eine andere Galaxie.

Das richtige Holz

Empfehlenswerte Holzarten ❁ Mit dem FSC (Forest Stewardship Council)-Gütesiegel gekennzeichnete Hölzer geben den KonsumentInnen die Garantie, dass es sich um Holz aus nachhaltig und umweltfreundlich geführter Waldwirtschaft handelt.

- **Gebirgslärche:** Sie ist wegen ihres hohen Harzgehaltes gut im Freien verwendbar und lässt sich auch leicht bearbeiten. Mit der Zeit bekommt sie eine silbergraue, raue Oberfläche, die auch ohne Riffelung natürlichen Halt gibt.
- **Robinie, Erle und Eiche:** sehr schön, aber etwas schwieriger zu bearbeiten, ist teurer und seltener zu bekommen.
- **Thermoholz:** Durch Hitzebehandlung (170 bis 230 °C) verändert sich die zelluläre Struktur des Holzes. Es zeichnet sich durch eine herabgesetzte Wasseraufnahmefähigkeit und damit erhöhte Resistenz gegen Holz zerstörende Pilze aus. Verschiedene Holzarten sind im Handel erhältlich.

Nicht zu empfehlende Holzarten ❁

- **Druckimprägnierte Hölzer:** Die meisten Imprägniermittel sind giftig und gelangen in Teich und Umwelt. Auch Kesseldruck-Imprägnierungen nach dem Vakuumverfahren gemäß DIN 68 800-3, welche nach Abschluss der Fixierung der Salze im Holz für Mensch, Tier und Pflanze als unbedenklich eingestuft werden, sind aufgrund besserer Alternativen nicht zu empfehlen.
- **Kiefer und Fichte:** wegen ihrer geringeren Witterungsbeständigkeit.
- **Sibirische Lärche:** immer häufiger und oft auch billiger als die heimische Gebirgslärche angeboten, wegen des unkontrollierten Abbaus durch illegale Schlägerungen und der Gefährdung des sibirischen Tigers, Amur-Leoparden, Wolfes und anderer seltener Arten abzulehnen.
- **Tropenhölzer:** auch Plantagenhölzer, die das FSC-Gütesiegel tragen, müssen um den halben Erdball verschickt werden.

Auch die Wahl des für den Steg verwendeten Holzes setzt optische Akzente am Schwimmteich.

Stein und Wasser

Ein Trittsteinweg im Flachwasserbereich erleichtert die Teichpflege ungemein.

Stein und Wasser sind seit jeher eine Einheit, bedingen und formen einander, gehören untrennbar zusammen. Was liegt also näher, als auch im Schwimmteich von dieser natürlichen Gemeinschaft Gebrauch zu machen. Bei der Wahl des richtigen Natursteins ist vor allem im »geschützten System Schwimmteich« darauf zu achten, dass keine kalkhaltigen Materialien verwendet werden. Eine Steigerung der Wasserhärte wäre die Folge, worüber sich vor allem Fadenalgen freuen. Kristalline Gesteine (»Urgesteine«) wie die Waldviertler Spitzgrubenplatten (Orthogneis) oder alle Arten von Granit sind unbedenklich zu verwenden.

ÜBERS WASSER GEHEN ❀ Ein mit großen Trittsteinen gelegter Weg im Flachwasserbereich, der mit dem Steg in Verbindung steht, erschließt den Schwimmteich auch dort, wo er eigentlich am interessantesten ist: im dicht besiedelten Dickicht der Ufervegetation. Hier spielt es sich nicht nur tierisch ab, hier kann man seine Umgebung genauer unter die Lupe nehmen. Ein größerer Steinblock von etwa einem Quadratmeter Fläche als Erweiterung im Weg reicht als Beobachtungsposten schon aus.

Besonders gut für den Bau von Trittsteinwegen sind quaderförmig geschnittene und sandgestrahlte Granitblöcke geeignet, die auch die notwendige Stabilität und Trittsicherheit mit sich bringen. Für ein gelegentliches Betreten können auch Findlinge verwendet werden, die aber wegen ihrer oft sehr glatten oder unebenmäßigen Oberfläche schwieriger zu begehen sind.

Damit Findlinge oder Natursteinquader nicht zu dominant wirken, sollte ihre Trittfläche möglichst knapp (2–3 cm) über dem Wasserstand liegen. Die unmittelbare Nähe zum Wasser und das Verschwinden des massiven Steinkörpers darin lassen den Weg leicht und dynamisch wirken.

TIPP **Mit Trittsteinwegen können gegenüberliegende Stege miteinander verbunden werden ohne dass dabei viel Wasserfläche verloren geht.**

Ein flacher Findling wird zur Miniaturinsel am seichten Ufer.

LIEGEN AUS STEIN ❀ Flache, große, von Wind und Wasser modellierte Sandsteine (keine Kalksandsteine) lassen sich gut als Liegesteine verwenden. Findlinge, ob rund oder kantig, ins seichte Wasser gesetzt, sind als kleine Inseln eine willkommene Auflockerung in der Uferlandschaft.

Mediterranes Flair

Sprungstein und eine aus Trockenmauersteinen geschlichtete Insel mit Wasserfall schaffen eine mediterrane Atmosphäre rund ums Baden.

KIESBUCHT UND SANDSTRAND ֎ Bei größeren Teichen mit Nischen findet sich immer eine Stelle, wo ein paar Kubikmeter Sand oder feiner Kies außerhalb der Teichplane aufgeschüttet werden können, ohne dass die wertvolle Uferzone stark beeinträchtigt wird. Eine kleine feine sonnseitige Bucht mit Sandspielzeug und Sonnenschirm zaubert Urlaubsflair in den Garten. Bevor man Sand oder Kies aufschüttet, muss ein Wurzelschutzvlies ausgebreitet werden, damit die Bucht nicht in kurzer Zeit von Ausläufer treibenden Kräutern überwuchert wird.

TROCKENMAUERN ֎ Den Erdaushub der beim Ausheben eines Teiches anfällt kann man gleich dazu benützen, einen flachen Garten durch Modellierungen des Niveaus interessanter zu gestalten. Ein aufgeschütteter Hügel in Ufernähe mit einer Wand aus Trockenmauersteinen ist kein großer Mehraufwand, wenn der Bagger schon einmal im Garten ist. Nebenbei spart man sich den Abtransport des Aushubmaterials. Ausgesuchte Steine an der Krone einer niederen Mauer bieten sich zum Sonnenbaden oder zum Sitzen an. Größere Fugen können mit Trockenheit liebenden, klein bleibenden Stauden wie Thymian, Mauerpfeffer oder Zimbelkraut bepflanzt werden. Eine zurückgesetzte Nische im Hügel bildet einen kleinen Sitzplatz, wo der Schatten einer Laube oder eines Baumes für Kühle und Schutz vor der Mittagshitze sorgt.

TIPP **Barfuß gehen ist gesund – erst recht im Wasser. Was liegt da näher als sich seinen eigenen kleinen Kneippweg im seichten Wasser zu bauen? Dazu passen Fluss-Steine mit etwa 5 cm Durchmesser, die bunt durchmischt in Form und Größe an einer Stelle oder als Weg lose gelegt werden. Das holprige Pflaster unter Wasser ist auch für Kinder lustig zu begehen und nebenbei eine herrliche Fußreflexzonenmassage. Das Wasser ist allerdings nur im Frühling oder Herbst – ganz im Sinne von Kneipp – schön frisch und durchblutungsfördernd.**

Felsen und Klippen

Eine besonders interessante Raffinesse sind an den Schwimmzonenrand gesetzte Kletter- und Sprungfelsen in Form von großen Findlingen. Die Stabilität des Unterbaues (Hangrutschgefahr), eine einwandfreie homogene Struktur des Felsens (keine Rissbildungen) und die ausreichende Standfestigkeit des Steines müssen dabei natürlich gegeben sein.

Sichtschutz und Lagerfeuer

Sommerlicher Abendtreffpunkt am Schwimmteich: die Feuerstelle.

Die Gestaltung der unmittelbaren Teichumgebung lässt dem ambitionierten Teichbauer ungeahnte Möglichkeiten offen und beflügelt Phantasie und Kreativität.

Geflochten oder gepflanzt ❀ Eine Hecke aus heimischen Wildsträuchern ist ein wunderbarer Sicht- und Windschutz und beschattet zumindest teilweise den Teich. Meist reicht die Anpflanzung auf einer Uferseite. Besser als Mauern, wo es vor allem im Sommer zu einem Hitzestau kommt, sind Sichtschutzelemente aus waagrecht geflochtenen Weidenruten, die auch genügend Windzirkulation zulassen. Aus schmalen Lärchenleisten gebaute Rankgitter, die mit Schlingpflanzen wie Efeu oder Wildem Wein bepflanzt werden können, sind eine weitere gute Möglichkeit, einen nicht nur schönen sondern auch effektiven Sicht- und Windschutz zu bauen.

Feuerstelle ❀ Mit Blick auf das Wasser eröffnet sich beim Schein des Feuers eine neue Perspektive: der Garten nach Sonnenuntergang. Igel im raschelnden Laub, Erdkröten auf nächtlichem Beutezug oder die leuchtenden Glühwürmchen sind aufregend genug, um auch einmal einen Abend oder gar eine ganze Nacht im Freien zu verbringen. Zwar kann eine Feuerstelle ganz simpel mit im Kreis gelegten Großpflastersteinen bewerkstelligt werden, doch lohnt es sich, etwas mehr zu investieren. Eine Sitzmauer, ein rund gepflasterter Platz und steinerne Sitzblöcke sind dauerhafte und schöne Möglichkeiten eine Feuerstelle einzurichten. Granit ist dafür das Material der Wahl. Die von der Sonne tagsüber aufgeheizten Steine geben die Wärme am Abend wieder ab und tragen so zu einer gemütlichen Atmosphäre bei. Ähnlich einem Feuerkorb sollte über der Feuerstelle ein Gitterrost im unteren Drittel dafür sorgen, dass auch Sauerstoff von unten durch das knisternde Holz ziehen kann. Im Kreis hochkant ins Mörtelbett gesetzte Leistensteine aus Granit (z. B. mit den Maßen 10 × 21 × 50 cm), die leicht konisch eingebaut werden, sind eine schöne und zugleich praktische Lösung für den Feuerkreis.

Tipi oder Hütte

Statt provisorisch für wenige Nächte ein Zelt am Teichufer aufzuschlagen kann man auch für die Sommermonate ein Tipi bauen. Ob luftig aus Weidenzweigen geflochten oder aus Stangen und Stoff gebastelt, ein Tipi im Garten ist etwas Besonderes. Eine andere Möglichkeit einer wetterfesten Unterkunft sind Gartenhäuser. Im Blockhüttenstil oder aus Naturstein gemauert, mit einer Sitzbank und einem kleinen Kamin kann man dort bis weit nach der Dämmerung gemütlich zusammensitzen. Durch ein Gründach fügt sich die Hütte gut in die natürliche Umgebung am Schwimmteich ein.

Sicherheit

Kleinkinder dürfen beim Baden nie allein gelassen werden.

Dem Thema Sicherheit sollte in Gärten mit Teichen besondere Aufmerksamkeit gewidmet werden. Natürlich ist ein Schwimmteich wie jedes andere Badegewässer für Kinder eine potentielle Gefahrenquelle. Mit der nötigen Umsicht und einer gesunden Einstellung lassen sich jedoch mögliche Gefahren auf ein Minimum reduzieren.

Spielplatz im Wasser ❁ Kleinkinder brauchen einen eigenen Bereich im Schwimmteich. Am besten trennt man einen seichten Teil vom Flachwasserbereich ab, der maximal 30 cm (halbe Badewannentiefe) haben sollte, wo die Kleinen sicher plantschen können. Seichtes Wasser erwärmt sich schneller, die angenehmen Badetemperaturen werden schon im Frühling erreicht. Als Barriere zum tieferen Wasser eignen sich mittelgroße, von Flüssen glatt geschliffene Findlinge genauso gut wie eine fixe Eingrenzung aus naturbelassenen Holzstämmen. In die Nähe des Plantschbereiches sollten keinesfalls hohe oder wuchernde Pflanzen gesetzt werden, auch sonst muss dieser Teil gut einsehbar sein. Da Kinder am liebsten den ganzen Tag im Wasser spielen, sollten Sie auch an attraktive Spielecken an Land denken. Abseits vom Wasser gelegen, vielleicht am anderen Ende eines Hügels gebaute Sand- und Matschspielplätze, Schaukeln oder Rutschen, von wo aus der Teich nicht mehr sichtbar ist. Als Wasserspender könnte ein Schöpfbrunnen dienen.

Haus am Wasser

Immer häufiger werden Schwimmteiche direkt an Terrasse und Haus angebunden. Sie bilden ästhetisch wie funktional eine Einheit. Vor allem wenn Kleinkinder da sind, die sich ohne Aufsicht nicht im oder am Wasser aufhalten sollten, hat sich der Teich in Hausnähe als praktisch erwiesen. So kann der Überblick über das Geschehen rund um die Uhr gewahrt bleiben.

Durch die Reflexion der Sonnenstrahlen am Wasser kann es jedoch trotz der ausgleichenden Wirkung des kühlen Elementes unangenehm heiß und hell im Wohnbereich werden. Für gute Abschirmung sorgen berankte Pergolen, geschlossene Fassadenbegrünung mit Kletterpflanzen und vorgepflanzte, kleinkronige Bäume. Große Fenster können im Sommer mit Jalousien beschattet werden.

Je näher das Wasser an den Wohnbereich heranrückt, desto größer ist auch sein Einfluss auf das tägliche Leben. Landende Vögel, der Paarflug der Libellen oder das herbstlich eingefärbte Laub einer Sumpfwolfsmilch in den ersten Sonnenstrahlen sind Bilder, die man, sei es von der Küche oder vom Wohnzimmer aus, immer vor Augen hat.

Ausgrenzen oder Einbinden ❁ Grundsätzlich kann man an das Thema Sicherheit auf zwei sehr konträre Weisen herangehen: abschirmen und fern halten oder lehren, mit der »Gefahr« umzugehen. Im Naturgarten mit seiner ganzheitlichen Sicht der Dinge ist sicher zweiteres die bessere Methode. Gerade Verbote oder Barrieren wie Zäune reizen Kinder zum Überschreiten mit oft unabsehbaren Folgen. Ähnlich der Verkehrserziehung sollte man sich genügend Zeit nehmen und mit den heranwachsenden Kindern über die besonderen Gefahren im Schwimmteich sprechen.

Kinder sollten nie unbeaufsichtigt am Schwimmteich spielen oder baden. Dennoch gibt es Situationen, die eine erhöhte Vorsicht erfordern, die folgende Liste soll Ihnen entsprechende Anhaltspunkte liefern.

Checkliste Gefahrenquellen

Stege ❁ Nicht nur Schrauben, Nägel, Winkel oder andere Befestigungsmaterialien können bei Stegen und anderen Flächen aus Holz infolge unsachgemäßer Verarbeitung Verletzungen hervorrufen, sondern auch Holzspäne. Leider stellen sich manche Späne durch Trocknungsprozesse erst später auf, ein gelegentliches Kontrollieren und Abschleifen mit einem Sandpapier ist daher sinnvoll. Der Fugenabstand zwischen den Stegbrettern sollte maximal 5 mm betragen, damit auch bei Kinderfingern oder -zehen keine Verletzungsgefahr besteht.

Eisdecke ❁ Auf Natur-Eis lässt sich wunderbar Schlittschuhlaufen oder Eishockey spielen. Die Eisdecke muss vorher jedoch immer von einer erwachsenen Person begutachtet und auf Risse oder Sprünge und genügende Tragfähigkeit getestet werden.

Rutschige Algenbeläge ❁ an Einstiegstreppen, Leitern oder Beckenmauern unter Wasser sind gefährlich. Entfernen mit Bürste, Spatel oder an neuralgischen Punkten mit dem Sauger schafft zumindest kurzfristig Abhilfe.

Selbst gebastelte Spielgeräte ❁ wie Seilbahn, Rutschen, Sprungtürme etc. unterliegen im privaten Bereich keiner Sicherheitsprüfung. Seile, Taue, Balken, Schrauben, Ösen und andere Bauteile sollten besser doppelt so stark dimensioniert werden als unbedingt nötig. Erhöhte Vorsicht gilt auch beim Springen von Sprungtürmen, Kletterfelsen und Randsprüngen vom Steg.

Kinder am Schwimmteich bedürfen stets einer erhöhten Aufmerksamkeit.

Elektrizität ❁ Es dürfen in Wassernähe prinzipiell keine elektrischen Geräte wie Haarföhn, Radio oder ähnliches mit Strom aus der Steckdose betrieben werden. Akkubetrieb wäre hier die Alternative. Vorsicht bei heranziehendem Gewitter: es besteht im und am Wasser akute Blitzschlaggefahr!

Gastkinder ❁ oder Kinder aus der Nachbarschaft sind mit den örtlichen Gegebenheiten (z. B. rutschige Beläge, tiefste Stelle) wenig oder nicht vertraut. Erhöhte Aufmerksamkeit ist unbedingt ratsam!

Pflege

Im Schwimmteich sollen genug Nährstoffe für ein gesundes Gedeihen der Pflanzen vorhanden sein und gleichzeitig so wenige wie möglich, um ein ungebremstes Wachstum der Algen zu verhindern. Diese Balance im Teich zu schaffen und sein ökologisches Gleichgewicht aufrechtzuerhalten ist das Ziel aller Pflegearbeiten. Daher ist es auch nur natürlich, dass der Arbeitsaufwand stark von seinem Zustand abhängt. Je stabiler und besser eingespielt der Schwimmteich, desto weniger Mühe.

Nährstoffsammler Teich

Nährstoffsammler Teich: alles kommt hinein, nichts wieder heraus.

Regenwasser, Pollen, Schweiß, Staub, Blätter, Insekten – in einen Schwimmteich kommt viel an Nährstoffen hinein, aber nichts von selbst wieder heraus. Stehende Gewässer in der Größe von Gartenteichen sind in der Natur nur ein vorübergehendes Stadium einer langen Entwicklung. Dank der sich ansammelnden Nährstoffe engen die üppig wachsenden Pflanzen mit den Jahren die freie Wasserfläche ein, am Grund bildet sich Schlamm und häuft sich organisches Material an, die Verlandung schreitet immer weiter voran. Auch ein künstlich angelegter Teich im Garten unterliegt diesen Bedingungen. Für eine dauerhafte Badewasserqualität muss man diesen natürlichen Prozess aufhalten bzw. verlangsamen und ein Gleichgewicht zwischen Nährstoffeintrag und -austrag finden. Die Minimierung der Zufuhr und das Abführen organischer Substanz (Bodenschlamm, tote Pflanzenteile, Fadenalgen und mehr) gehören daher zu den wichtigsten Pflegearbeiten rund ums Jahr.

TIPP **Von Zeit zu Zeit sollte man rund um den Schwimmteich kontrollieren, ob die Kapillarsperre noch intakt ist. Frisch aufgeschüttete Böschungen setzen sich, der Schwimmteich kommt so zu einem ungeplanten Überlauf. Nicht allein das Ausrinnen des Teiches kann zum Problem werden, sondern auch eindringendes Hangwasser. Es bringt nach starkem Regen Erde mit und schwemmt unnötig Nährstoffe ein.**

Tipp aus der Praxis

Lärchen am Schwimmteich sind problematisch. Ihre feinen Nadeln rieseln auch durch Laubschutznetze und lassen sich schwer aus dem Wasser entfernen. Besser nicht an den Schwimmteich pflanzen!

Schlamm absaugen Es gibt 20 Jahre alte Schwimmteiche, bei denen bis heute nur wenige Male vom Boden des Schwimmbereiches Schlamm abgesaugt werden musste. Die Schicht aus pflanzlichen Abbauprodukten und abgesetzten Schwebstoffen, die sich dort gebildet hat, ist gering genug, um beim Baden nicht zu stören, und es kommt dank einer ausgeglichenen Nährstoff-Bilanz im Teich kaum etwas dazu. Doch bei den allermeisten Schwimmteichen hat sich ein jährliches »Service« bewährt: Der Bereich, der zum Baden dient, wird mit einem Unterwassersauger von Schlamm und Ablagerungen befreit, ohne das Material unnötig aufzuwirbeln. Geeignete Geräte können bei manchen Teichbaufirmen geliehen wie auch die Teichreinigung inklusive Absaugung als Servicepaket in Anspruch genommen werden. Bei einem Schwimmteich von 100 m^2 Größe dauert das Absaugen ca. einen halben Tag. Nach der Arbeit muss der entstandene Wasserverlust wieder ausgeglichen werden.

Anfangsfehler vermeiden Art und Umfang der Pflege hängen nicht zuletzt von der Bepflanzung ab. Anfangsfehler ziehen oft umfangreiche Arbeiten mit sich, wenn die ersten Jahre vorüber sind. Starkwüchsige Seerosen und die Teichrose (Foto)entwickeln armdicke Rhizome. Sie zu reduzieren ist nicht einfach, meist muss dabei Teichwasser abgelassen werden, um am Boden der Regenerationszone arbeiten zu können.

TIPP **Ist der Schwimmbereich durch Holzstege, Trittsteinwege oder sicher begehbare Unterwassermauern (Sitzmauern) gut erschlossen, erleichtert das die Reinigung sehr.**

Zurückschneiden

Beim Schwimmteich rächt es sich mehr als sonst wo im Garten, wenn man gegen die Natur und nicht mit ihr arbeitet. Daher bleiben die toten, braunen Stängel der Wasserpflanzen bis ins Frühjahr stehen. Sie dienen vielen Wassertieren als Überwinterungsquartier und schützen vor Frost: in die hohlen Halme könnte nach einem herbstlichen Rückschnitt Wasser eindringen, das beim Frieren die ansonsten winterharten Pflanzen schädigt.

Außerdem halten Sumpf- und Wasserpflanzen mit ihren hohlen Stängeln auch durch eine geschlossene Eisdecke den Gasaustausch zwischen dem Teichwasser und der Luft aufrecht. Ab Ende März, bevor die Pflanzen neu auszutreiben beginnen, können die toten Reste des Vorjahres dann guten Gewissens zurück geschnitten werden. Im Wasser treibende Blattreste oder abgestorbene Schwimmblätter können Sie natürlich schon im Herbst aus dem Teich nehmen. Durch konsequentes Entfernen aller abgestorbenen, braunen Pflanzenteile sammelt sich nicht zuviel organisches Material an, das faulen kann und Nährstoffe ins Wasser einbringt.

Mit dem Rückschnitt der Pflanzen besser warten, bis der Winter vorbei ist.

Frei schwebende, nicht verankerte Unterwasserpflanzen wie das Hornkraut werden einfach mit der Hand abgefischt, wenn sie zu viel werden.

Unter Wasser Wenn sich die Unterwasserpflanzen in der wärmeren Jahreszeit (zu) prächtig entwickelt haben, ist ein starker Rückschnitt bzw. ein Dezimieren möglich. Die Pflanzen landen auf dem Kompost, dem Ökosystem Schwimmteich werden mit dem Entfernen der Biomasse Nährstoffe, vor allem Stickstoff und Phosphat, entzogen. Vor allem bei bewurzelten Arten im Teich schwören manche auf Unterwasserschneider mit langer Teleskopstange. Die abgetrennten Teile schwimmen auf und können leicht abgekeschert werden.

TIPP **Winzige Samen von Rohrkolben, Froschlöffel und anderen Pflanzen gehen manchmal in Massen am Schwimmteich auf. Rechtzeitiges Abschneiden der Fruchtstände verhindert, dass sie sich überall ausbreiten, beraubt den Garten aber eines schönen herbstlichen und winterlich vereisten Schmuckes.**

Verjüngen

Nimmt man nach einigen Jahren den anfänglichen Pflanzplan her, so wird man feststellen, dass sich viele der ursprünglichen Arten längst verabschiedet haben. Vielleicht sind einige auch von selbst zugewandert. Die Tendenz in vielen Schwimmteichen geht eindeutig dahin, dass sich starkwüchsige Pflanzen behaupten und ihre dichten Bestände immer größer werdende Monokulturen bilden. Eine natürliche Dynamik mit Austrocknung oder Überflutung, die diesen Vorgang durchbrechen könnte und wieder neue Nischen und damit größere Vielfalt schafft, fällt beim »zahmen« Schwimmteich weg. Hier setzt die Pflege an: dichte, robuste Pflanzbestände nach Jahren stark verkleinern und gleichzeitig neue Arten einbringen.

Laubschutznetz

Um unnötigen Nährstoffeintrag zu vermeiden, sollte Herbstlaub vom Schwimmteich ferngehalten werden. Stehen keine Bäume und Sträucher in der Nähe, so reicht ein gelegentliches Abfischen der ins Wasser gewehten Blätter. In allen anderen Fällen leistet ein auf Holzpflöcken, Stangen, waagrechten Drähten oder Schnüren montiertes Laubschutznetz gute Dienste, das mit Haringen wie ein Zelt windfest abgespannt und im Boden verankert wird. Es gibt verschiedene Maschenweiten im Handel, je nach der Größe des zu erwartenden Laubes. So ein Netz über einem Teich sieht zwar nicht unbedingt schön aus, aber es erspart viel Arbeit und dem Schwimmteich viele potentielle Nährstoffe, die die Badequalität belasten. Auf keinen Fall sollte es, beladen mit Herbstlaub, ins Wasser hängen. Im November, bevor der erste Schnee es beschweren könnte, wird das Netz wieder abgebaut und fürs nächste Jahr verstaut.

Ein Laubschutznetz muss fest gespannt sein, damit es Herbststürmen trotzen kann.

Die grüne Karte

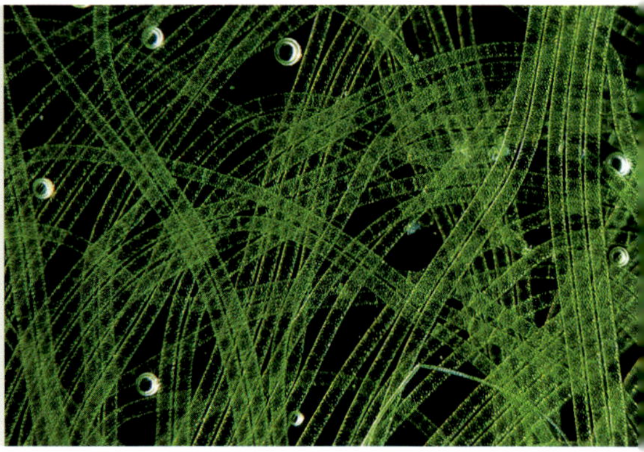

Fadenalgen unter dem Mikroskop.

Kein Sommer ohne! Algen sind das Problem Nummer eins im Schwimmteich und verursachen viel Aufregung. Meist hat aber der Mensch mit ihnen ein größeres Problem als der Teich selbst. Ein gewisser Algenbesatz ist normal und bildet die Nahrungsgrundlage für viele wichtige Lebewesen. Dennoch lässt sich viel für eine bessere Wasserqualität tun, um auftretende Probleme in den Griff zu bekommen. Wasserlebensräume sind komplexe Systeme, daher gibt es da keine »einfachen Rezepte«. Am besten ist es, von Anfang an Fehler beim Planen, Bauen und Bepflanzen zu vermeiden. Das kann später viel Ärger und Kosten sparen.

Alge ist nicht gleich Alge Fädige Jochalgen sind wohl in fast jedem Gartenteich zu finden, durch übermäßige Vermehrung werden sie aber zur hässlichen Plage. Weniger auffällig sind ein- oder wenigzellige Algenarten (z. B. Kieselalgen), die zwar zur Wassertrübung beitragen, mit freiem Auge aber nicht sichtbar sind. Es gibt auch schöne und seltene Arten wie die Armleuchteralge *(Nitella flexilis)*, die nur in nährstoffärmeren Gewässern gute Lebensbedingungen vorfindet.

Gleichgewicht braucht Zeit Die anfängliche Illusion von makellos reinem Wasser wird bei neu gefüllten Schwimmteichen bald enttäuscht. Das ökologische Gleichgewicht hat sich noch nicht eingespielt. Algen finden fast kon-

Eutrophierung

Unter Eutrophierung versteht man die Nährstoffanreicherung (Aufdüngung) in Gewässern. Sie ist ein allmählicher Prozess und kann – im seltenen Extremfall – bis zum vollständigen »Umkippen« des Teichs führen: Viele Organismen sterben ab, die sauerstoffgebundenen Abbauprozesse kommen zum Erliegen, Fäulnis entsteht.
Probe eins zeigt Badewasser aus einem intakten Schwimmteich. Es ist klar, die Sichttiefe reicht bis zum Grund, abhängig von Jahreszeit und Witterung. Die zweite Probe wurde aus einem entenreichen Dorfteich entnommen, der zusätzlich durch Fütterung mit Brot belastet war. Starke Trübung und ein übler Geruch nach faulen Eiern weisen auf eine fortgeschrittene Eutrophierung hin.

kurrenzlos ideale Lebensbedingungen vor und vermehren sich vor allem in nährstoffreichem, hartem Wasser in atemberaubender Schnelligkeit. Schwebalgen machen aus einem Teich quasi über Nacht eine grüne Suppe. So schnell, wie sie gekommen sind, verschwinden sie dann auch wieder. Der Teich ist noch jung, Mikroorganismen, Pflanzen und Tiere fangen erst allmählich an, das Biotop Wasser zu besiedeln. Das komplexe System der Selbstreinigung nimmt seine »Arbeit« auf, die Kreisläufe müssen sich erst einstellen. Neuanlagen benötigen daher in den ersten Jahren besondere Aufmerksamkeit.

NEUSTART? Es ist besser die Nerven zu bewahren und die Algen durch konsequentes Abfischen zu dezimieren, als das gesamte Wasser auszulassen und den Teich neu zu befüllen. Denn mit dem Neubeginn stehen natürlich auch alle Prozesse der Selbstreinigung wieder am Anfang. Starker Algenwuchs ist nicht gleichzusetzen mit einem gekippten (eutrophierten) Teich, der sich tatsächlich im Absterben befindet. Nur wenn ganz gravierende Baumängel vorliegen, kann ein Neustart der einzige mögliche Ausweg sein.

Abhilfe

Nicht die Algen sind Schuld an der Misere, sie sind gewissermaßen nur die Zeigerpflanzen für eine (aus menschlicher Sicht) »schlechte« Qualität des Wassers. Dennoch muss man aktiv werden und die Algenwatten immer wieder entfernen, zum Beispiel mit einem einfachen Kescher. Zwischen den Röhrichtpflanzen im Flachwasserbereich helfen lange, raue Holzstiele. Die fädigen Jochalgen werden durch stetes Drehen einfach wie Nudeln aufgerollt.

Algen auf Zeit

Plantschbereiche für Kinder werden meistens in der flachen Regenerationszone eingerichtet. Durch die fehlende Bepflanzung und das sich rasch erwärmende, flache Wasser finden Algen hier geradezu ideale Bedingungen vor. Da hilft nur regelmäßiges Abfischen. Sind die Kinder groß, wird der Bereich einfach zugepflanzt.

Viele Ursachen für ein Problem

Ein hoher Nährstoffgehalt, hartes Wasser, viel Sonne und warmes Wetter begünstigen das Wachstum bestimmter ungeliebter Algenarten. Aus langjähriger Erfahrung wissen wir, wie vielseitig und individuell die Probleme sein können und wie wichtig es ist, sich potentielle Problemquellen möglichst frühzeitig bewusst zu machen. Steht man also am Beginn eines Projektes, so sollte man seine Pläne, Wünsche und Ideen genau unter die »Algenlupe« nehmen.

Algen-Checkliste

Fadenalgen können auch nach Jahren immer wieder auftauchen.

Für Beschattung sorgen Ein idealer Ort für einen Schwimmteich wäre ein teilweise beschatteter Platz im Garten mit vier bis sechs Stunden Sonne täglich. Pralle Sonne den ganzen Tag über lässt die Wassertemperaturen schon zeitig im Jahr rasch ansteigen. Ebenso gilt: je mehr Licht im Wasser, desto mehr Algen. Abhilfe: Schwimmblattpflanzen zur Beschattung und Kühlung des Wassers, Großsträucher oder Bäume erhalten oder pflanzen (aber Vorkehrungen gegen Laubfall im Herbst treffen).

Füllwasser genau prüfen Mit der Qualität des eingelassenen Wassers steht und fällt die Güte des künftigen Badewassers. Daher Informationen vom Wasserwerk (bei Leitungswasser) einholen oder andere Wasserquellen untersuchen lassen. Auch Regenwasser ist in vielen, auch ländlichen Gegenden durch Verunreinigung mit Nährstoffen angereichert.

Hangwasser vermeiden Von künstlichen Böschungen und natürlichen Hängen gelangt vor allem bei starken Regengüssen mit Nährstoffen angereichertes Hangwasser in den Teich. Abhilfe: Drainage-Kiesstreifen (eventuell mit Drainagerohr) zwischen Hang und Teich einbauen.

Laubfall begrenzen Angewehtes und herabfallendes Herbstlaub wird am Teichgrund zersetzt. Diese Prozesse reichern das Wasser mit Nährstoffen an, verbrauchen viel Sauerstoff und lassen die Schlammschicht am Boden anwachsen. Abhilfe: Laubschutznetz spannen und

Algen können sehr hübsch sein: die Zieralge *Closterium sp.* ist sichelförmig gebogen. (Vergrößerung ca. 300×)

auch sonst hin und wieder Laub abkeschern; Schlammabsaugung einmal jährlich durchführen (lassen).

MAGERES TEICHSUBSTRAT VERWENDEN ➾ Nährstoffreiche Substrate (z. B. normal gedüngte Gartenerde, Kompost, Blumenerde) führen zu starkem Algenwachstum und dürfen niemals in den Schwimmteich. Abhilfe: Von Anfang an im Pflanzbereich eine Mischung aus Quarzsand und nährstoffarmem Ton verwenden, und zwar nicht flächendeckend, sondern nur punktuell dort, wo die Pflanzen gesetzt werden.

ROBUSTE PFLANZEN IM UFERBEREICH ➾ Die Bepflanzung im Flachwasserbereich darf beim Schwimmteich nicht nur nach optischen Gesichtspunkten wie schöne Blüte oder bunte Farben erfolgen. Es braucht für ein stabiles Gleichgewicht im Teich auch »verlässliche« Röhrichtpflanzen. Abhilfe: Robuste Arten wie Igelkolben (*Sparganium*-Arten), Rohrkolben (*Typha*-Arten), Wiesensegge *(Carex nigra)* oder Simsen (*Scirpus*-Arten) einplanen. Bei kleineren Schwimmteichen muss ihr Pflanzbereich begrenzt werden, damit die Bestände nicht benachbarte Pflanzen verdrängen.

AUSREICHEND UNTERWASSERPFLANZEN ➾ Sie entziehen dem Wasser gelöste Nährstoffe und sind direkte Konkurrenten der Algen. Abhilfe: Statt nur eine Art einzusetzen, besser viele verschiedene Arten verwenden.

KEINE FISCHE? ➾ Beliebte Zierfische wie Kois oder Goldfische sind häufig die Ursache dafür, dass die Wasserqualität des Teiches leidet. Abhilfe: Am besten keine Fische einsetzen. Ganz entschieden abraten muss man vom Füttern der Fische.

KEINE WASSERVÖGEL! ➾ Enten, Schwäne und andere gefiederte Gäste wühlen den Grund auf, suchen gerne nach stärkehaltigen Knollen (zum Beispiel des Pfeilkrautes) und geben ihren Kot ins Wasser ab. Abhilfe: Konsequent vom Schwimmteich verjagen.

Infos & Adressen

Öffentliche Anlagen (Auswahl)

»Kipferlbad« Pölfing-Brunn/Steiermark
S-Park Sarleinsbach/Oberösterreich
Schwimmteich Unzmarkt-Frauenburg/
Steiermark
Schwimmteich Neußerling/Oberösterreich
Naturbad Gloggnitz/Niederösterreich
Badeteich Pöls/Steiermark

Interessante Sites im Internet

Rote Liste der Gefährdeten Arten
www.amphibienschutz.de

Stimmen der Amphibien
www.amphibien.at
www.amphibienschutz.de

Teichtiere, Algenproblematik, Vielfalt im Gartenteich
www.hydro-kosmos.de

Material zum Keschern (z. B. Planktonnetz) und zum Mikroskopieren
www.biologie-bedarf.de
www.mikroskopie-service.de
www.nabu-wedemark.de

Gebrauchte Mikroskope
www.ebay.at (Kategorie Mikroskope)

Mikroskopische Gesellschaft Wien
www.mikroskopie-wien.at

Informationen zur Badedermatitis
www.univie.ac.at/systematische-zoologie/badederminfoblatt.html

Verband der österreichischen Schwimmteichbauer

Der Verband österreichischer Schwimmteichbauer verfügt über eine Adressenliste von Firmen rund um die Planung und den Bau eines Schwimmteichs. Auf der Homepage finden sich auch wertvolle Links sowie kurze Informationen über Bautypen, Planung und Pflegemaßnahmen. www.schwimmteich.co.at

Zeitschriften

Der Schwimmteich

www.schwimmteich-magazin.com

Gartenteich

www.gartenteich.com

Bücher

Tiere und Pflanzen am Teich

Engelhardt, Wolfgang: Was lebt in Tümpel, Bach und Weiher? Pflanzen und Tiere unserer Gewässer. (über 400 Arten). Franckh-Kosmos Verlag, Stuttgart, 2003.

Hecker, Frank und Katrin: Treffpunkt Teich und Tümpel. 150 Tiere und Pflanzen im und am Wasser. Franckh-Kosmos Verlag, Stuttgart, 2003.

Gestalten mit Wasser

Thinschmidt, Alice, Böswirth, Daniel: Natürlich Wasser. Gartenideen vom Brunnen bis zum Schwimmteich. avBUCH, Wien, 2005.

Mikroskopie

Kremer, Bruno E.:
Das große Kosmos-Buch der Mikroskopie. Franckh-Kosmos Verlag, Stuttgart, 2002.

Streble, Heinz, Kauter, Dieter:
Das Leben im Wassertropfen. Mikroflora und Mikrofauna des Süßwassers.
Franckh-Kosmos Verlag, Stuttgart, 2003.

IMPRESSUM

Die Deutsche Bibliothek – CIP-Einheitsaufnahme
Die Deutsche Bibliothek verzeichnet diese Publikation in der Deutschen Nationalbibliografie; detaillierte bibliografische Daten sind im Internet über http://dnb.ddb.de abrufbar.

PROJEKTLEITUNG: Brigitte Millan-Ruiz, Bisamberg
UMSCHLAG: Ravenstein + Partner, Verden
SATZ UND BILDREPRODUKTION: Hantsch & Jesch PrePress Services OEG, Leopoldsdorf bei Wien
ILLUSTRATIONEN: Monika Biermaier, Untertullnerbach

DRUCK UND BINDUNG: Westermann Druck, Zwickau
Printed in Germany

ISBN: 978-3-7040-2209-7

Bildquellen

Umschlag und Inhalt: Thinschmidt A., Böswirth D. (www.gartenfoto.at)